서민지

G·TELP
LEVEL 2
문법 32점

서민지 편저

지텔프 32점을 위한 **유일한** 교재!

영포자도 한번에 **38점 이상 100%** 달성

- 민지텔프 특허 암기법과 문제풀이 스킬
- 최근 경향 업데이트 자료 카페에 제공
- 최신 경향 모의고사 3회분 수록
- 문법 최종 마무리 요약정리 PDF 제공 + 추가 최종 모의고사 1회분 PDF 제공

서민지
G·TELP LEVEL 2 문법 32점

편저자 서민지
발행인 송주호
발행처 ㈜윌비스

초판 인쇄 2020년 08월 07일
초판 발행 2020년 08월 13일

등 록 119-85-23089
주 소 서울시 관악구 신림로 129-1
전 화 02) 883-0202
팩 스 02) 883-0208
홈페이지 lang.willbes.net

ISBN 979-11-6618-002-6 / 13740

※ 이 책은 도서출판 윌비스가 저작권자와 계약에 따라 발행하였습니다.
  저작권법에 의해 보호를 받는 저작물이므로 본사의 허락 없는 무단 전재와 무단 복제를 금합니다.
※ 잘못된 책은 구입하신 곳에서 바꾸어 드립니다.
※ 저자와의 협의에 의해 인지를 생략 합니다.

책값은 뒤표지에 표기되어 있습니다.

서민지 G-TELP 32점 교재를 내면서

안녕하세요, 윌비스 지텔프 대표강사 서민지입니다.

최신 지텔프 출제 경향을 반영한 '서민지 지텔프 레벨2 32점 문법 기본서'에는 32점이 목표인 학생들이 가장 효율적인 방법으로 최 단기, 단 한 번의 시험으로 목표점수를 달성할 수 있는 전략과 문법 개념과 실전 문제가 담겨있습니다. 단기간에 원하는 점수를 얻기 원하는 학생들에게 최적화된 교재입니다.

영어가 아예 초보인 상황이라면 어떻게 공부를 시작해야 할지 시험은 어떻게 진행되는지에 대한 전반적인 도움이 필요합니다. 매회 시험을 응시하면서 영포자도 적용 가능한 스킬들을 연구하고 개발하였습니다. "32점 목표 수험생" 누구든지 기본서 한 권으로 걱정 없이 끝낼 수 있습니다.

2020년 이후로부터 문법의 난이도가 어려워진 만큼 영어 기본기가 없는 수험생들이 고난도 유형들을 시험에서 접했을 때 많은 어려움을 느끼게 됩니다. 난이도와 상관없이 적용되는 비법들을 녹여낸 '서민지 지텔프 32점' 교재로 여러분들의 목표에 한 걸음 다가가는 데에 도움을 드리고 싶습니다.

이 교재로 학습하는 모든 수험생에게 직접적인 도움을 드리고자 네이버 서민지 지텔프 카페에 언제든 질문을 올려주시면 그 궁금증들을 바로 해결해 드리고 있습니다. 또한, 최신 기출 총정리 PDF와 최근 고난도 문제 유형들을 교재를 사용하여 공부하는 수험생과 인강생에게 제공해드립니다. (서민지 지텔프 네이버 카페 공지 참고)

'서민지 지텔프'를 믿어주시고 사랑해주시는 여러분들을 위해 항상 더 좋은 컨텐츠로 여러분들의 목표달성에 직접적인 도움을 줄 수 있도록 매일매일 최선을 다하겠습니다. 감사합니다.

2020년 8월 7일
서민지 올림

CONTENTS

INTRO

- G-TELP LEVEL2 소개 ········· 6
- G-TELP LEVEL2 성적 활용현황 ········· 7
- 지텔프 시험 접수와 응시 ········· 8
- 성적 확인과 상세성적표 분석 방법 ········· 10
- 상세성적표 확인하는 방법 ········· 11
- 32점 최단기 공부법 ········· 14
- 교재와 인강+추가자료를 활용한 공부 방법 ········· 15
- 서민지 지텔프 32점 밀착케어 시스템 ········· 16
- 32점이라면 꼭!! 알아야 할 쌩기초 영어 ········· 17

CHAPTER 01 Should 생략 — 023

- 01 동사원형이 정답이 되는 Should 생략 – Subjunctive Verb ········· 024
  - 1초만에 단서 찾기! ········· 026
  - ▎실전 연습문제 ········· 027

CHAPTER 02 가정법 — 031

- 01 가정법 과거 ········· 032
  - 1초만에 단서 찾기! ········· 033
- 02 가정법 과거완료 ········· 034
  - 1초만에 단서 찾기! ········· 035
  - ▎가정법 실전문제 12제 ········· 036

CHAPTER 03 진행시제 — 039

- 01 현재진행시제 ········· 040
  - 1초만에 단서 찾기! ········· 041
- 02 과거진행시제 ········· 042
  - 1초만에 단서 찾기! ········· 043
- 03 미래진행시제 ········· 044
  - 1초만에 단서 찾기! ········· 045
- 04 현재완료진행시제 ········· 046
  - 1초만에 단서 찾기! ········· 047
- 05 과거완료진행시제 ········· 048
  - 1초만에 단서 찾기! ········· 049

▸ 06 미래완료진행시제 ·· 050
　　1초만에 단서 찾기! ··· 051
　　▎진행시제 실전 연습문제 ·· 052

CHAPTER 04 관계사 ─────────────────────────── 057
　▸ 01 관계사 ·· 058
　　▎관계사 7가지 스킬로 100점 맞기 연습문제 ·· 059

CHAPTER 05 준동사 ─────────────────────────── 063
　▸ 01 준동사 [To부정사 2문제, 동명사 3문제] ··· 064
　　▎준동사 찍기 전용문제 ··· 065

▎실전 모의고사 ─────────────────────────────── 069
▸ 실전 모의고사 1회 ·· 070
▸ 실전 모의고사 2회 ·· 075
▸ 실전 모의고사 3회 ·· 080

▎해설 및 정답 ──────────────────────────────── 087

G-TELP Level 2 소개

G-TELP 소개

G-TELP (General Tests of English Language Proficiency)는 미국 ITSC (International Testing Services Center)에서 주관하는 국제 공인 영어능력평가 시험입니다. 1986년에 지텔프 코리아(G-TELP KOREA)가 시험을 주관하고 있으며, 일상생활과 관련된 일반적인 성격의 영어의사소통능력을 종합적으로 평가합니다.

G-TELP LEVEL 2

G-TELP 시험에는 레벨1부터 레벨5까지 다섯 종류의 등급이 있습니다. 다섯 레벨 중 레벨2 정기시험 점수가 활용되고 있으며 그 외 레벨은 현재 수시시험 접수만 가능하며, 공인 영어 성적으로 거의 활용되지 않습니다. G-TELP Level 2는 군무원, 경찰공무원(현재는 가산점 ➡ 2022년에는 대체시험), 노무사, 회계사, 세무사, 감정평가사, 변리사, 외 공무원 7급, 9급 시험의 영어 대체시험으로 활용되고 있으며, 주요 공기업과 대기업의 신입사원 선발 및 사원들의 영어 대체시험으로 활용되고 있습니다.

구분	출제방식 및 시간	평가기준	영어구사능력 (합격자)
Level 2	문법 26문항 (20분) 청취 26문항 (대략 30분) 독해와 어휘 28문항 (40분) 총 80문항 90분	일상 대화, 업무 및 해외연수가 가능한 실력	일상생활· 업무상담, 세미나, 해외연수 등이 가능

지텔프 레벨2 시험 구성

영역	시험 구성	문항수	점수	시간
문법	시제 6 가정법 6 Should 생략 3 관계사 2 준동사 (동명사 3 / To 부정사 2) 조동사 2 / 연결어 2	26문항	100점	영역별 시간제한 없음
청취	Part 1 NARRATIVE Part 2 FORMAL MONOLOGUE Part 3 NEGOTIATION Part 4 PROCESS	26문항	100점	
독해와 어휘	Part 1 HISTORICAL FIGURE Part 2 NON-TEC ARTICLE Part 3 ENCYCLOPED ENTRY Part 4 BUSINESS LETTER	28문항	100점	
		80문항	3개 영역의 평균	약 90분

G-TELP Level 2 성적 활용현황

지텔프 레벨2 활용현황

활용	지텔프 레벨2 기준 점수	토익 기준 점수
군무원 9급	32점	470점
군무원 7급	47점	570점
군무원 5급	65점	700점
경찰 가산점 2점	48점	600점
경찰 가산점 4점	75점	800점
경찰 가산점 5점	89점	900점
경찰 간부 후보생	50점	600점
소방 간부 후보생	50점	600점
경찰 경사 / 경장 / 순경 (2022년부터)	43점	550점
경찰 경감 / 경위 / 간부후보 (2022년부터)	50점	625점
경찰 총경 / 경정 (2022년부터)	65점	700점
공인회계사	65점	700점
세무사	65점	700점
공인노무사	65점	700점
감정평가사	65점	700점
7급 외무영사직 공무원	77점	790점
5급 외교관 후보생	88점	870점
변리사	77점	775점
5급 국가 및 지방직 공무원	65점	700점
카투사	73점	780점
호텔서비스사	39점	490점
호텔관리사	66점	700점
호텔경영사	79점	800점
기상직	65점	700점
주요 대기업	75점	800점
주요 공기업	75점	800점

지텔프 시험 접수와 응시

01 시험 접수
- **인터넷 접수** : www.g-telp.co.kr 회원 가입 후 접수 (시험 시행 11일 전까지 접수 마감)
- **방문 접수** : 지텔프코리아 본사에서 카드결제 가능

02 응시료
- **정기접수** : 60,700원 / **추가접수** : 64,700원

03 시험 응시
- **시험일정** : 매월 2회 일요일 오후3시
- **입실시간** : 2시 20분 (1시 20분부터 입실 가능)
- **시험 입실 불가능 시간** : 2시 50분

04 시험 필수 준비물

신분증

컴퓨터용 사인펜

수정 테이프

펜 혹은 샤프

아날로그 시계

- **신분증** (주민등록증, 운전면허증, 여권, 공무원증, 사병의 외박・외출・휴가증, 군신분증, 학생증, 중학생의 경우 재학증명서, 외국인의 경우 외국인등록증)
- **컴퓨터용 싸인펜** (주의사항 : 예비마킹 ×, 연필마킹 ×, 수정테이프 위에 마킹 ×)
- **수정 테이프** (수정액 ×, 빌리는 것도 ×)
- **펜 혹은 샤프** (문제 풀 때만 사용, 마킹은 컴퓨터용 싸인펜으로)
- **아날로그 시계** (디지털 시계 불가능, 고사장마다 시계가 있지만 없을 경우를 대비)
- **수험표 출력할 필요 ×** : 고사장 입구에 수험번호와 고사실 배치표를 확인하고 들어가시면 됩니다. 고사실 책상 위에 수험번호와 고유번호와 이름이 적힌 수험표가 놓여있습니다.

05 시험볼 때 주의사항
- 32점이 목표인 경우 문법만 풀면 되기 때문에 청취 시간에는 다른 수험생에게 방해가 되지 않게 조용히 시험지를 넘기기!
- 시험지에 필기가 가능하지만 크게 표시할 경우 부정행위로 간주될 수 있으니 본인이 인지 가능한 정도의 작은 필기 하기!

06 답안지 작성 방법

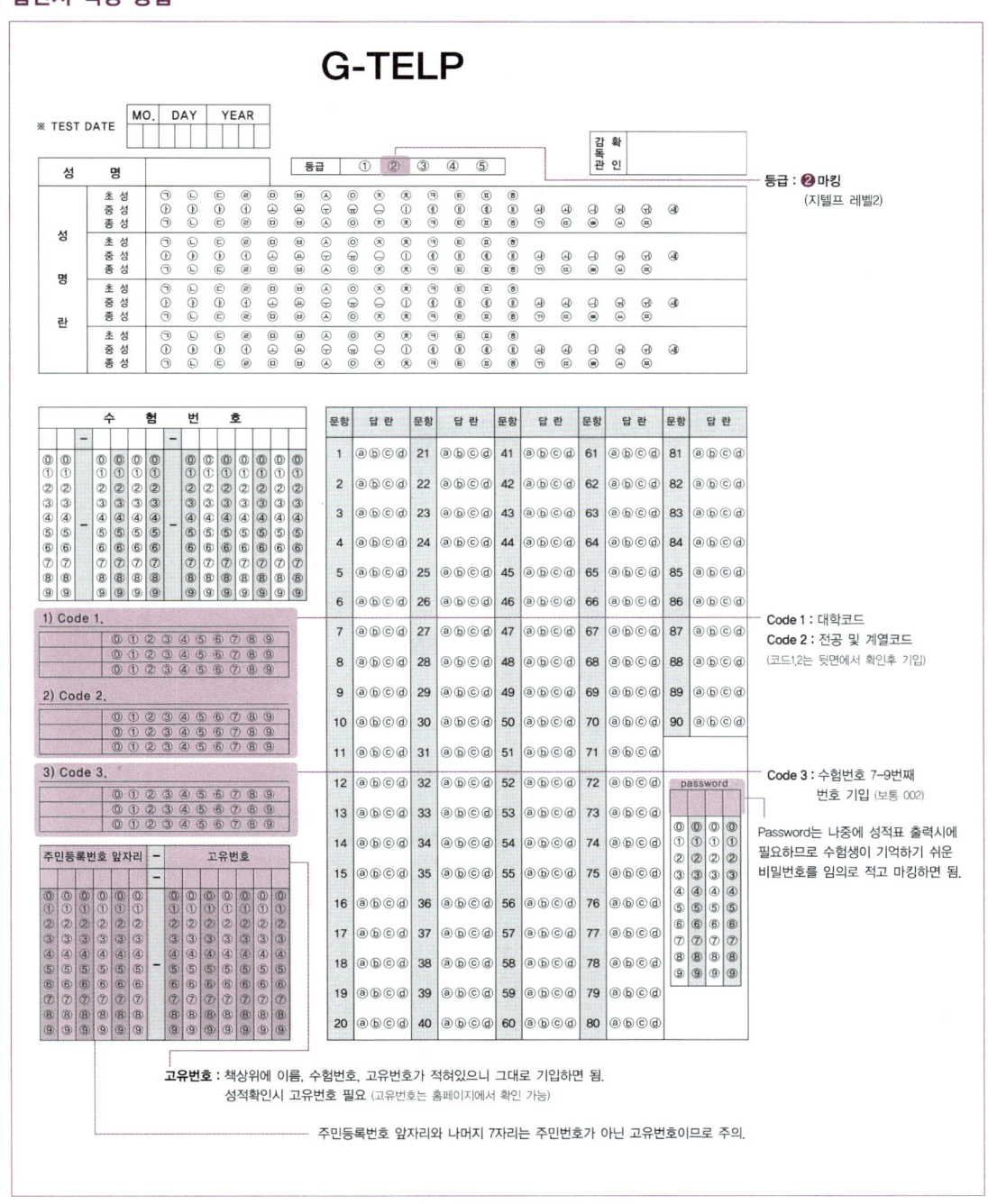

소개 및 활용현황　**009**

성적 확인과 상세성적표 분석 방법

- **성적발표** : 시험일로부터 5일 후 성적확인 가능 (1년에 2번은 3일 이후 성적확인 가능)
  (금요일 오후3시 성적확인 가능)
- **성적 유효기간** : 시험일로부터 2년

성적표 확인방법

01 성적확인은 www.gtelp.co.kr 사이트 성적확인 메뉴에서 이름, 생년월일, 고유번호 입력 후 가능 (모바일로도 가능)

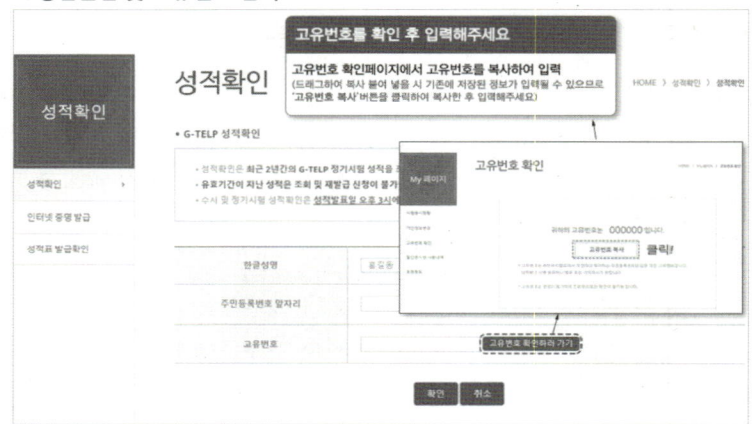

02 상세 성적표 확인하려면?
- 모바일이 아닌 PC로 로그인한 후 '온라인 성적표 발급' 클릭

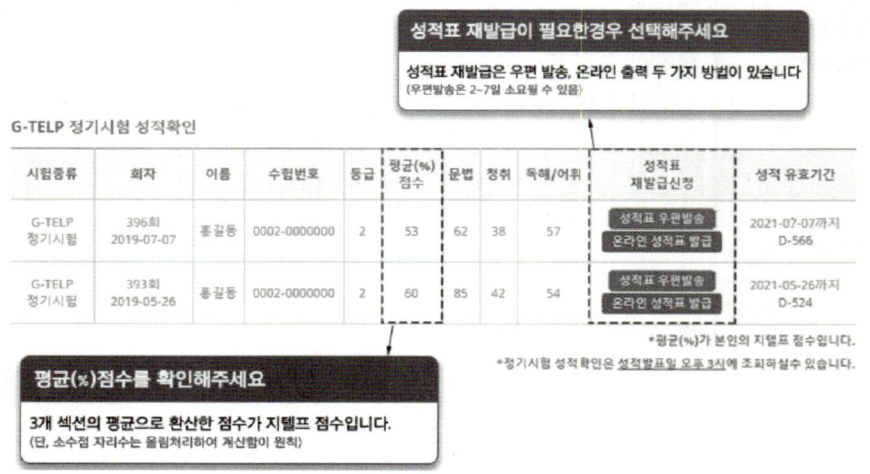

상세성적표 확인하는 방법 · 01

*IssueNo :
한국 G-TELP 위원회

G-TELP
itsc INTERNATIONAL TESTING SERVICES CENTER

GENERAL TESTS OF ENGLISH LANGUAGE PROFICIENCY
Overall Proficiency reflects the number of skill areas in which you have achieved 75 percent or better.
- Mastery = a score of 75% or more in three skill areas (two for Level 1)
- Near Mastery = a score of 75% or more in two skill areas (except Level 1)
- No Mastery = a score of 75% of more in less than two skill areas

Overall Proficiency
Level 2
Near Mastery

해당 등급의 합격여부를 알려주는 항목
- Mastery : 각 Section별(문법·청취·독해 및 어휘) 75% 이상 획득했을 경우
- Near Mastery : 3개 Section 중 하나 라도 75% 미만인 경우
- No Mastery : 3개 Section 평균이 75% 미만인 경우

Your performance in each of the skill areas is shown in the profiles below.

PROFILE A : Skill and Task/Structure

Skill Area Score	Task/Structure	Score	25%	50%	75%	100%
Listening 46%	NARRATION	14%				
	FORMAL MONOLOGUE	33%				
	NEGOTIATION	83%				
	PROCESS	57%				
Reading and Vocabulary 86%	HIST ACCOUNT	100%				
	NON-TECH ARTICLE	86%				
	ENCYCLOPED ENTRY	86%				
	BUSINESS LETTER	71%				
Grammar 88%	PROGRESSIVE TENSE	83%				
	GERUNDS/INFINITIVES	80%				
	UNREAL COND/SUBJUNC	100%				
	MODAL AUXILIARIES	83%				

Skill Area Score
- 각 Section별 맞은 문제에 대한 백분율 (점수)

PROFILE B : Question Information Type

	Score (Correct/Total)	Description of Question Type
Listening		Literal information questions ask the examinee about information which is explicitly stated in the passage.
Literal	7 / 21	
Inferential	5 / 5	
Reading and Vocabulary		Inferential information questions ask the examinee to deduce information which is not specifically stated, but which is implied by the passage.
Literal	13 / 15	
Inferential	4 / 5	
Vocabulary	7 / 8	Vocabulary questions ask the examinee to select synonyms for words occurring in the context of the reading passages.

Each of the scores above shows the ratio between the number of questions you answered correctly and the total number possible for each question type.

PROFILE B
- 청취·독해 파트의 정답 분석
- 응시자의 정답 타입을 용이하게 파악

INTERNATIONAL TESTING SERVICES CENTER

G-TELP™ G-TELP KOREA
Approved
G-TELP Korea

Copyright International Testing Services Center, G-TELP KOREA

Total Score : 221
You have answered of all the questions on the test correctly. 74 %
가나다 (이름)
002-0020000 (주민번호)
DATE : 2021 - 00 - 00

CERT

Percent
- 세가지 기능분야의 평균 백분율(총점)

소개 및 활용현황 **011**

상세성적표 확인하는 방법 · 02

PROFILE A : Skill and Task/Structure

Skill Area Score	Task/Structure	Score	25%	50%	75%	100%
Listening 46%	NARRATION	14%				
	FORMAL MONOLOGUE	33%				
	NEGOTIATION	83%				
	PROCESS	57%				
Reading and Vocabulary 86%	HIST ACCOUNT	100%				
	NON-TECH ARTICLE	86%				
	ENCYCLOPED ENTRY	86%				
	BUSINESS LETTER	71%				
Grammar 88%	PROGRESSIVE TENSE	83%				
	GERUNDS/INFINITIVES	80%				
	UNREAL COND/SUBJUNC	100%				
	MODAL AUXILIARIES	83%				

PROFILE A : Skill and Task/Structure

Grammar 88%

PROGRESSIVE TENSE	파트1	역사적인 인물 소개
GERUNDS/INFINITIVES	파트2	연구결과, 발견에 대한 기사
UNREAL COND/SUBJUNC	파트3	백과사전 지식 (다양한 소재 등장)
MODAL AUXILIARIES	파트4	비즈니스 편지, 이메일, 공지사항

Reading and Vocabulary 86%

HIST ACCOUNT	파트1	역사적인 인물 소개
NON-TECH ARTICLE	파트2	연구결과, 발견에 대한 기사
ENCYCLOPED ENTRY	파트3	백과사전 지식 (다양한 소재 등장)
BUSINESS LETTER	파트4	비즈니스 편지, 이메일, 공지사항

Listening 46%

NARRATION	파트1	2인의 일상적인 대화
FORMAL MONOLOGUE	파트2	1인 담화 : 제품소개, 프레젠테이션, 이벤트 소개
NEGOTIATION	파트3	2인의 대화 : A,B에 대한 장단점 비교-> 결정
PROCESS	파트4	1인 담화 : 특정 소재에 대한 팁

상세성적표 확인하는 방법 · 03

	PROFILE B : Question Information Type	
	Score (Correct/Total)	Description of Question Type
Listening		
Literal	7 / 21	Literal information questions ask the examinee about information which is explicitly stated in the passage.
Inferential	5 / 5	
Reading and Vocabulary		Inferential information questions ask the examinee to deduce information which is not specifically stated, but which is implied by the passage.
Literal	13 / 15	
Inferential	4 / 5	
Vocabulary	7 / 8	
Each of the scores above shows the ratio between the number of questions you answered correctly and the total number possible for each question type.		Vocabulary questions ask the examinee to select synonyms for words occurring in the context of the reading passages.

INTERNATIONAL TESTING SERVICES CENTER

Total Score : 221
You have answered of all the questions on the test   74 %

PROFILE B : Question Information Type

Listening

Literal	7 / 21	사실적 질문
Inferential	5 / 5	추론적 질문

Reading and Vocabulary

Literal	13 / 15	사실적 질문
Inferential	4 / 5	추론적 질문
Vocabulary	7 / 8	어휘 (총 8문제)
Total Score	221	문법+듣기+독해 전체 총점
	74%	평균점수 (나의 점수)

32점 최단기 공부법
영포자도 쉽게 목표달성하는 전략

영역 평균 32점이 나오려면?

01 영역별 합산 : 96점 이상

02 듣기(26문항) 독해(28문항) 하나로 찍었을 때 최소 합산 점수 : 42점

03 문법 영역에서 : 54점 이상

04 문법 26문항중 15문항 이상 맞추기

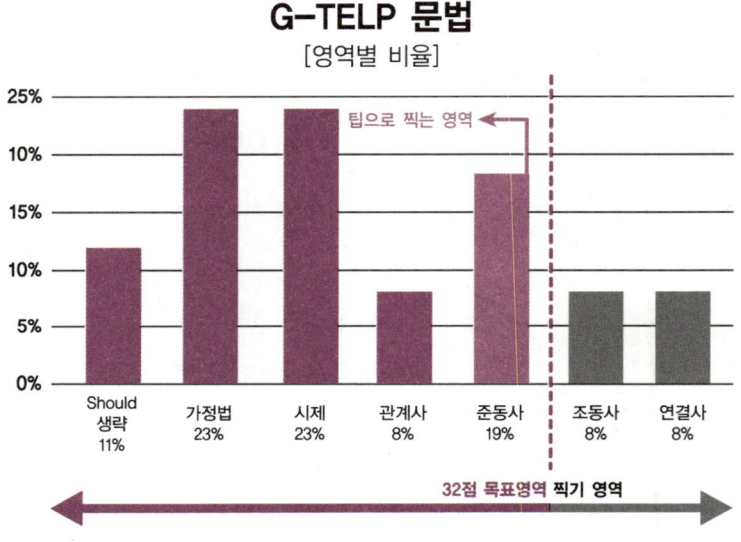

영포자도 공식만 외우면 맞출 수 있는 문항

01 가정법 6문항

02 시제 6문항

03 Should 생략 3문항

04 관계사 2문제
　　→ 여기까지 총 17문항

05 준동사 (동명사, To부정사) 5문항 중에서 동명사 비율이 to부정사 비율보다 많기 때문에 '-ing' 형태로 찍으면 무조건 3문제는 맞출 수 있음. (5문항 중에 3문항)

01 - **05** 까지 합하면 총 20문항(76점)은 공식 암기, 문제풀이로 충분히 맞출 수 있는 문항

교재와 인강 + 추가자료를 활용한 공부 방법

- 이 교재에 나온 순서대로 공식을 인강을 들으며 암기하고 점검하며 문제풀이 방식과 문법 팁 적용 연습하기.
- 매회 시험을 보면서 최근 문법 문제의 난이도와 트렌드 그리고 출제 경향을 알려주는 서민지 강사의 지텔프 카페 (http : //www.cafe.naver.com/seominjee)에서 시험 직전 총정리 PDF자료와 최근 트렌드 요약정리 파일 다운받아서 시험 직전에 총정리 마무리하기!
- 이해가 힘든 부분은 "서민지 지텔프 카페" 질문 남기기!
- 인강생들은
  - 01 "서민지 지텔프" 카카오 플러스친구 친구추가
  - 02 교재 + 인강 인증하기
  - 03 최신 트렌드 반영 문법 1회분 무료 제공 (가장 최근 회차로 업데이트하여 제공)
  - 04 개별 피드백

32점 1주일 완성 커리큘럼

DAY 01	DAY 02	DAY 03	DAY 04	DAY 05	DAY 06	DAY 07
기초문법 시제	가정법	Should 생략	관계사 준동사 팁	실전 01	실전 02	실전 03 문법 총정리 최신 문법1회

- DAY 07 문법 총정리 파일은 매회 지텔프 시험 직전에 "서민지 지텔프"카페
  (http : //www.cafe.naver.com/seominjee) 에 업로드 되니 다운로드 하시면 됩니다.
- DAY 07 최신 문법 1회는 카카오 플러스친구 '서민지 지텔프'로 '교재+인강'인증을 남겨주시면 최근 회차 경향을 100% 반영한 문제를 따로 제공해드리며, 문제풀고 이미지 파일로 풀어서 제출해주시면 채점 후 피드백 드립니다.

서민지 지텔프 32점 밀착케어 시스템

매 회차 직전 1주일 동안 교재와 인강을 통해 공부하는 학생들을 위해 '서민지 지텔프 32점 밀착케어' 오픈 채팅방에서 서민지 강사가 매일 진도대로 학습할 수 있도록 도와주며 추가 문제를 제공한다. 개별 피드백을 통해 확실한 32점 달성을 위해 밀착케어를 진행하기 때문에 이 교재를 구매한 수험생이라면 필수적으로 참여하는 것이 좋다.

ex 422회 시험 준비생의 경우, 시험 일자인 8월 9일을 목표로 8월 2일부터 7일간 커리큘럼대로 진행한다.
[매 회차 10일 전, 블로그와 카페 그리고 윌비스 홈페이지를 통해 공지됨]

진행방식

01 교재 구매 후, 교재 앞면에 서민지 지텔프 카페 가입 별명과 아이디를 적고 카카오 플러스친구 "서민지 지텔프"로 **서민지 지텔프 32점 밀착케어 오픈채팅방 암호 코드**를 요청하면 코드가 전송된다.

02 참여 후 매일 공지되는 진도 대로 공부 진행하기

03 매일 학습 인증과 질문을 카페에 필수적으로 남기며 피드백을 받을수 있다.

04 Day 01 – 04 까지 커리큘럼에 해당하는 추가 누적 문제를 12문제씩 받아볼 수 있다.
➡ 문제의 해설은 오픈채팅방에 올라온다.

05 DAY 05-07까지는 실전테스트의 결과를 정답지에 표시하고 채점까지 완료하여 카페에 올리면 오픈채팅방 인원에 한해서 개별피드백이 진행된다. (필수사항)

06 매 회차 시험 경향을 반영한 문법 1회분은 교재를 구매한 모두에게 제공된다.

추가적으로,
인강생은 카카오 플러스 친구를 통해 개별 피드백을 요청해서 시험 직전 피드백을 받을 수 있다. 피드백 이후 해설 영상이 개별적으로 전송된다.

교재만 구매한 독학생들에게는 정답만 공개되며 문제 질문은 카페에 남기면 된다.

32점이라면
꼭!! 알아야 할

쌩기초 영어

▸ 지텔프 쌩기초 다지기
▸ 지텔프 시제 쌩기초 다지기

G-TELP Level **2**
문법 **32**점

지텔프 쌩기초 다지기

- 문제를 풀기 위해 필수적으로 알고 있어야 하는 문법 포인트

영어 필수 품사

01 명사 : 사람, 사물의 이름 (문장에서 주어, 목적어, 보어 자리)
Jenny, English, book, teacher, puppy ...
- **대명사** : 명사를 대신해서 사용. 명사가 반복될 때 반복하여 사용하지 않고 대명사를 사용
  he, she, it, I, they 등

02 동사 : 주어의 동작이나 상태를 나타낸다.
work, study, help, teach, love ...

03 형용사 : 명사를 수식
happy, lovely, helpful, cute, beautiful...

04 부사 : 동사, 형용사, 부사, 문장 전체를
hard, beautifully, happily, always ...

문장의 주요 성분

문장의 성분	예문으로 포인트단서 잡기 (단서에 동그라미!)
주어	- Jenny studies English. 주어 : 문장에서의 주체이며 '-은,-는,-이,-가'로 해석된다.
동사	- Jenny studies English. 동사 : 주어의 동작이나 상태를 나타낸다.
목적어	- Jenny studies English. 목적어 : '-을, -를'로 해석되며 동사의 대상 혹은 목적이 된다.
보어	- Jenny is a teacher. 주격보어 : 주어의 성질이나 상태를 보충 설명한다. - Jenny always makes people happy. 목적격보어 : 목적어의 성질이나 상태를 보충 설명한다.
수식어	- Jenny works hard. 부사 : 동사, 형용사, 또다른 부사, 문장 전체를 수식 (의미를 더함) - Jenny saw an interesting movie yesterday. 형용사 : 명사 수식

문장의 구조

01 주어 + 동사

Jenny	works	hard.	제니는 열심히 일한다.
주어(S)	동사(V)		

02 주어 + 동사 + 주격 보어

Jenny	is	happy.	제니는 행복하다.
주어(S)	동사(V)	주격보어(S·C)	

03 주어 + 동사 + 목적어

Jenny	studies	English.	제니는 영어를 공부한다.
주어(S)	동사(V)	목적어(O)	

04 주어 + 동사 + 간접목적어 + 직접목적어

Jenny	bought	me	a flower.	제니는 나에게 꽃 한송이를 사줬다.
주어(S)	동사(V)	간접목적어(I·O)	직접목적어(D·O)	

05 주어 + 동사 + 목적어 + 목적격보어

Jenny	made	us	happy.	제니는 나를 행복하게 만들어 줬다.
주어(S)	동사(V)	목적어(O)	목적격보어(O*C)	

MINI TEST

주어와 **동사**를 구별하여 표시하세요. (32점 목표는 주어 동사만 확실하게 익히면 끝!)

(1) They study English now.
(2) Jenny always works very hard.
(3) We hope to win the contest.
(4) I usually jog in the early morning.
(5) He teaches English.
(6) We are happy to meet you.
(7) Dave works at a bank.
(8) It caused financial loss substantially.
(9) American famous singer is familiar
(10) My mom made me a famous singer.

지텔프 시제 쌩기초 다지기

- 지텔프에서는 Progressive Tense "진행 시제"가 평가 항목이기 때문에 정답을 진행시제만 선택하면 되지만, 시제의 개념을 알아야 완벽하게 문제를 풀 수 있다. 32점이 목표더라도, 기초적인 개념은 꼭 익혀야 한다.

01 동사에서 시제란?

- 동사의 형태를 바꾸어 현재, 과거, 미래 등의 시간을 나타내어 표현하는 것.
  Jenny studies English now. 현재
  Jenny studied English yesterday. 과거
  Jenny will study English tomorrow. 미래

02 꼭 알고가야 할 단순시제, 진행시제, 완료시제

- **단순시제** : 현재, 과거, 미래에 발생한 일이나 상태

현재시제	단수명사 + V -s, -es, -ies 복수명사 + V (동사 그대로) be동사 : am / are / is	Jenny studies English now. 제니는 지금 영어를 공부하고 있다.
과거시제	규칙동사 : V -d, -ed, -ied 불규칙동사(동사변환표 참고) be동사 was, were	Jenny studied English yesterday. 제니는 어제 영어를 공부했다.
미래시제	will + 동사원형	Jenny will study English tomorrow. 제니는 내일 영어를 공부할 것이다.

- **진행시제** : 현재, 과거, 미래에 행동이나 일이나 상태가 진행 중임을 나타냄

현재진행	am/are/is + -ing	Jenny is currently studying English. 제니는 현재 영어를 공부하는 중이다.
과거진행	was/were + -ing	Jenny was studying English yesterday. 제니는 어제 영어를 공부던 중이었다.
미래진행	will + be + -ing	Jenny will be studyig English tomorrow. 제니는 내일 영어를 공부하는 중일 것이다.

- **완료시제** : 특정 시점보다 앞선 시점부터 시작된 일이나 상태가 그 시점까지 계속되는 것을 나타내며 "have, had, will have + p.p"의 형태를 쓴다.

현재완료	has/have + p.p	Jenny has studied English since this morning. 제니는 오늘 아침부터 (지금까지) 영어를 공부해왔다.
과거완료	had + p.p	Jenny had studied English until I came. 제니는 내가 도착하기 전까지 영어를 공부해왔었다.
미래완료	will + have + p.p	Jenny will have studied English 10 weeks by tomorrow. 제니는 내일이면 영어를 10주간 공부해왔을 것이

추가 동사 변환표 : 서민지 지텔프 카페 "지텔프 32점 자료실"에 수록

MEMO

G-TELP Level 2 문법 32점

Subjunctive Verb

| Should 생략 3문항 | 가정법 6문항 | 시제 6문항 | 관계사 2문항 | 준동사 5문항 |

Grammar Point

1 Should 생략 문장의 형태 완벽 암기
2 아씨또(ARSCIDOUP) 동사 암기 적용
3 씨벤(SCIVBEN) 형용사 암기 적용

CHAPTER 01

Should 생략

▸ **01** Should 생략

01 동사원형이 정답이되는
Should 생략 – Subjunctive Verb

G-TELP Level 2
▶ 매회 **3**문제 출제

01 주장, 명령, 제안, 요청 등을 나타내는 **동사**와 **당위성**을 나타내는 **형용사** 뒤 that 절의 동사자리에는 ~ 해야 한다'라고 해석되어 should가 생략되며 should 뒤 동사는 원형이 된다.

무조건 동사원형이 정답이 되는 Should 생략 문장의 구조 민지 *TELP* 특허 암기 공식

02 동사를 암기해야하는 문장구조 아씨 또!! 동사 주장, 명령, 제안, 요청 등의 동사

주절 주장, 제안, 요구, 명령의 동사					
주어	동사	that	주어	부정어	동사원형
Jenny	suggests	that	he		be	present at the meeting.
Jenny	insisted	that	he	not	join	the company.
Jenny	ordered	that	the door		be locked	for sure.

AR(아)SCI(씨)DOUP(또)
아씨 또 동사가 보이면 동그라미! that + 주어 뒤 빈칸이 보인다면? 동사원형을 정답으로!!

주어 + 동사 + that + 주어 + 동사원형

Ask, Advise, Advocate
Recommend, Request, Require
Suggest, Stipulate
Command, Claim
Insist, Instruct
Demand, Desire(가끔 명사로도 등장)
Order
Urge
Propose, Plead

be동사의 원형 : be
일반동사 원형 : 그대로
부정형 : not V, not be
수동태 : be p.p

연습으로 유형 익히기

1. Jonathan pleaded that Ray _____ her a flower to console her.
   (a) presented   (b) present   (c) was presenting   (d) will be presenting

2. They request that their products _____ because of the mechanical problem.
   (a) was not sold   (b) not being sold   (c) not be sold   (d) had not been sold

3. Patrick asked that we _____ his friend's promotion.
   (a) celebrated   (b) was celebrated   (c) celebrate   (d) will celebrate

4. The Health Department demanded that safety standards _____.
   (a) be upgrading   (b) be upgraded   (c) will be upgrade   (d) are upgraded

03 형용사를 암기해야하는 문장구조 씨벤 형용사 당위성을 나타내는 형용사

주절 당위 형용사			that 절			
주어	동사	형용사	that	주어	부정어	동사원형
It	is	advisable	that	he		rest for a while
It	is	vital	that	he	not	eat too much.
It	is	necessary	that	people		be silent in public spaces.
It	is	crucial	that	money		be kept in a safe place.

CI(씨)VBEN(벤)
씨벤 형용사가 보이면 동그라미! that + 주어 뒤 빈칸이 보인다면? 동사원형을 정답으로!!

It is(was)　　+　　형용사　　+　　that　　+　　주어　　+　　동사원형

Critical, Crucial, Customary
Important, Imperative
Vital, Best
Essential
Necessary

연습으로 형태 익히기 아씨! 또!!

1. It is crucial that she _____ hard to get promoted.
   (a) works　　(b) will work　　(c) work　　(d) was working

2. It is customary that all relatives _____ the commencement ceremony.
   (a) attends　　(b) was attending　　(c) will attend　　(d) attend

3. It is essential that you _____ openly and honestly with your friends.
   (a) talking　　(b) talk　　(c) talks　　(d) was talking

1초만에 단서 찾기! Should 생략

(1) 빈칸 앞 동사나 형용사가 아씨!또! 혹은 씨벤이다?!
(2) 빈칸 앞에 that과 주어가 있는지 재빠르게 확인
(3) 바로 동사의 원형 체크 → 동사원형의 형태 [be , V , not be , not V , be p.p]

01 The organizations' duty to satisfy consumers' demand sometimes generates various environmental negative impacts caused by delayed responses to issues. Therefore, it is necessary that this relation between organizations and environment _____.

(a) be effectively managed
(b) had effectively been managing
(c) effectively managing
(d) didn' effectively manage

02 Most universities in California have been hiring more temporary faculty, refered to as "teaching machines", and have them teach more classes and pay them less. They suggest that first year graduate students _____ undergraduate classes.

(a) teach
(b) teaches
(c) are teaching
(d) had taught

실전 연습문제

01 Jan was offered the position of a chief manager at JN company on terms to attract more customers and make the company profitable comparing to last year. Thus, it is crucial that she _____ her best to use of this opportunity.

(a) tries
(b) try
(c) will try
(d) was trying

02 Nate asked that Ray sign a confidentiality agreement stipulating that he _____ on other rival companies for 7 years from the day when he signed the agreement.

(a) was not working
(b) not work
(c) will not work
(d) has not work

03 The government demanded that safety standards _____ in thousands of poorly maintained, aging schools. This will change the prior system which is now inefficient.

(a) was upgraded
(b) upgrades
(c) be upgraded
(d) had been upgraded

04 Global events are being canceled or postponed due to COVID-19, which suggests that students _____ the school. Instead, they should study at home and take on-line classes.

(a) not attend
(b) not attended
(c) will not attend
(d) not be attending

05 Visitors who visit Green's kitchen are entitled to request that people _____ their children, so when my family arrived, we had to go to another restaurant instead.

(a) will not bring
(b) not brought
(c) not bringing
(d) not bring

06 The newly revised policy requiring that companies _____ internal controls and have them audited. This caused loud complaints from sizable business about costs.

(a) reviews
(b) will review
(c) is being reviewd
(d) review

실전 연습문제

07 The ACL architecture company undertook a new building project which government assigned. After completing the draft, architects proposed that the floor plan _____ because of miscalculation.

(a) be revised
(b) revising
(c) revised
(d) will be revising

08 Danny doesn't have much time to date with his girlfriend Jane ever since he became a company executive. He even forgot to buy Jane's birthday present due to busy schedule. Frustrated, Jane pleaded that he _____ her PRADA bag to console her.

(a) buys
(b) bought
(c) will be buying
(d) buy

09 A person who is watching a movie in the theater should be well-mannered. It is advisable that one _____ his or her mobile phone and not chat during the movie as people can be interrupted by the noise one made.

(a) turn off
(b) turns off
(c) will turn off
(d) was turning off

10 I realized that the world is changing, and it is best that my girls _____ how to protect themselves as they don't know when they will be in a dangerous situation.

(a) is following
(b) follow
(c) follows
(d) will follow

11 This is a first step and much work remains to be done in order to seal a final international climate deal that is fair and ambitious. It is imperative that negotiations _____ as soon as possible.

(a) is resuming
(b) resume
(c) will be resuming
(d) has resumed

12 Eddie is an Asian American and president of the student council. He requested that the pilot program _____ place at his school, where a large majority of the students are Asian immigrants.

(a) take
(b) is taking
(c) took
(d) had been taking

MEMO

G-TELP Level 2 문법 32점

Unreal Conditional

| Should 생략 3문항 | 가정법 6문항 | 진행시제 6문항 | 관계사 2문항 | 준동사 5문항 |

Grammar Point

1 가정법 과거, 과거완료 공식만 제대로 외워서 적용하면 정답률 100%

2 가정법 과거완료에만 등장하는 도치의 형태와 문제풀이 방법을 확실하게 터득하기

CHAPTER 02

가정법

- 01 가정법 과거
- 02 가정법 과거완료

01 Unreal Conditionals 가정법 : 총 6문제
가정법 과거

G-TELP Level 2
▶ 매회 **3**문제 출제

01 현재 상황에 대한 반대 사실을 가정하여 표현하여 '~라면, ~할 텐데'라고 해석한다.
지텔프 레벨2에서는 해석이 필요 없으므로 형태를 익혀서 짝 맞추기로 접근하면 된다.

02 가정법 과거 공식

If	+	주어	+	과거동사,	주어	+	would(n't)	+	동사원형
				were			could		
				V+(e)d			might		
				didn't					
				had					
				could+V					
				would+V					

03 문장으로 확인하기!

If 절			주절	
If	주어	과거동사,	주어	동사
If	I	were (be 동사의 과거형) rich,	I	would + buy an expensive car.
If	she	studied (일반동사 과거형) hard,	she	could + pass the exam
If	I	had enough time,	I	would + study more in the evening.
If	he	didn't go to the party,	he	might + not meet his friends.
If	they	could help me,	I	would + be thankful.

주절		If 절		
주어	동사	if	주어	과거동사
I	would buy an expensive car	if	I	were rich.
She	could pass the exam	if	she	studied hard.
I	would study more in the evening	if	I	had enough time.
He	might not meet his friends	if	he	didn't go to the party.
I	would be thankful	if	they	could help me.

04 가정법 과거 문제 풀이 요령
- 빈칸이 해당하는 문장에 If를 찾아서 세모!
- If 절의 동사에 동그라미
- 공식대로 차분히 대입
  (쉬운 공식 문제도 빠르게 풀다보면 실수하기 때문에 처음부터 공식을 적어두는 방법도 좋다.)

1 초만에 단서 찾기!
가정법 과거

(1) 빈칸 주변에 If가 있다면 96% 가정법문제. (나머지 4% 시제일 가능성 → If절의 동사가 현재면 시제)
(2) 빈칸이 If절에 포함되어있는지, 주절에 포함되어있는지 확실하게 확인
(3) 공식대로 매칭해서 정답 선택

01 If the government were competing with business, interest rates would be on the rise. Also, If employers were uncertain about making new hires, they _____ work done by increasing the hours of current employees.

(a) will get
(b) would have gotten
(c) got
(d) would get

02 These days, lots of undocumented immigrants accept whatever wage is offered to them. The solution lies in mobility for migrants and a new emphasis on workers' rights. If migrants could move between jobs, they _____ free to expose abusive employers.

(a) would have been
(b) would be
(c) will be
(d) being

03 It's important for parents to instill confidence in their children at a very young age. Children _____ better with problems they encounter in later life if they were happy in themselves.

(a) would deal
(b) had dealt
(c) will deal
(d) would have dealt

04 Four days a week, my running group shows up at my door and knocks until I wake up before the dawn to take me on a seven-mile run. If I didn't get up to run, I _____ no reason to get out of the bed and start a fruitful day.

(a) would have
(b) would have had
(c) having had
(d) has

05 Professor Lee told me that if I studied hard and chased my dreams continuously, then maybe someday I _____ able to do whatever I wanted for sure. Thanks to his advice, I am currently trying my best to get a good grade.

(a) would be
(b) would have been
(c) will be
(d) is being

06 Most social issues _____ if people had more money and practical advice. The existing benefits system is inefficient, which is why lots of workers do not claim the benefits to which they are legally entitled.

(a) could have been prevented
(b) could be prevented
(c) prevented
(d) had been preventing

02 Unreal Conditionals 가정법 : 총 6문제
가정법 과거완료

> G-TELP Level 2
> ▶ 매회 3문제 출제

01 과거 상황에 대한 반대 사실을 가정하여 표현하여 '~이었다면, ~했을 텐데'라고 해석한다.
지텔프 레벨2에서는 해석이 필요 없으므로 형태를 익혀서 짝 맞추기로 접근하면 된다.

02 가정법 과거완료 공식

긍정문

> If + 주어 + had p.p, 주어 + would(n't) + have p.p
>   could
>   might

03 문장으로 확인하기!

If 절			주절	
If	주어	had p.p ,	주어	would/could/might + have p.p
If	It	had not been for your help,	I	wouldn't have made it through.
If	she	had studied hard,	she	could have passed the exam.
If	I	had had enough time,	I	would have studied more.
If	he	hadn't gone to the party,	he	might not have met his friends.

주절			If 절		
주어	would/could/might + have p.p		if	주어	had + p.p.
I	wouldn't have made it through		if	It	had not been for your help.
She	could have passed the exam		if	she	had studied hard.
I	would have studied more		if	I	had had enough time.
He	might not have met his friends		if	he	hadn't gone to the party.

04 가정법 과거완료에서만 출제되는 도치 유형
If 절에서 If를 생략하는 대신 주어와 had의 자리를 바꾼다. (형태 완벽히 익히기!)

If 절			주절	
If	It	had not been for your help,	I	wouldn't have made it through.
	Had	it not been for your help,	I	wouldn't have made it through.

주절		If 절	
I	wouldn't have made it through	had	it not been for your help.

05 가정법 과거완료 문제 풀이 요령

➡ 빈칸이 해당하는 문장에 If를 찾아서 세모!
➡ If 절의 동사에 동그라미! -과거형태인지 had p.p인지 확인 후 공식대로 차분히 대입
➡ If가 보이지 않으나 선택지 구성이 가정법인 경우 - 빈칸을 포함하는 문장에 had가 있는지 찾기.
    had 주어 p.p 가 있으면 도치유형이므로 would/could/might + have + p.p 를 정답으로 선택

정신 유형 (암기하면 끝!) 417회 출제
➡ If not for, It would have p.p 출제됨 : 가정법 과거완료가 정답

1초만에 단서 찾기!
가정법 과거완료

(1) 빈칸 주변에 If가 있다면 96% 가정법문제. (나머지 4% 시제일 가능성 → If절의 동사가 현재면 시제)
(2) 빈칸이 If절에 포함되어있는지, 주절에 포함되어있는지 확실하게 확인
(3) 공식대로 매칭해서 정답 선택!

01 Currently, two-thirds of the children in India who die of measles and other preventable childhood diseases _____ if they had had easy access to immunization.

(a) survived
(b) would have survived
(c) would survived
(d) is surviving

02 Helen attended a jazz concert last night with her friends. As a result, she reported late for a meeting which was important for her promotion. She kept thinking, "If I _____ the concert, I would have been promoted already".

(a) will not watch
(b) had not watched
(c) would not have watched
(d) was not watching

03 If John had put all the money he earned in his wife's bank account and asked her to handle it, he _____ enough money to buy luxurious Tesla they had been longing for a long time.

(a) would save
(b) will have saved
(c) would have saved
(d) had saved

04 Roger Bannister, a famous athlete, said that he had failed the Olympic in 1952, came in fourth in the 1,500 meters. If he had gotten a gold medal, he probably _____.

(a) would retire
(b) retired
(c) will be retire
(d) would have retired

05 Imagine that you could write checks which were approved as payment but never cashed. Have you been granted that ability, you _____ hard to keep that ability forever.

(a) might tried
(b) had been trying
(c) might have tried
(d) will be trying

06 On my way to the company outing, it started raining cats and dogs. Shortly after, the roads turned muddy and my expensive Prada bag became wet. Had I only searched today's weather forecast, I _____ it with me.

(a) would not have taken
(b) had not taken
(c) will not be taking
(d) not take

가정법 실전문제 12제

01 Last week, Samantha made a big mistake on a financial report which led her in trouble. If she _____ once again, she would have been already promoted

(a) would have checked
(b) had checked
(c) checked
(d) was checking

02 "If the president were sincere in his apology and serious about keeping his promise to the American people, he _____ with Congress on bipartisan proposals," said Fred.

(a) is working
(b) had worked
(c) would work
(d) will be working

03 The announcement warns us to stay still, but the ship was already sinking and there were lots of students who did not get out of the ship. If people _____ into the water, they could have been rescued. But they were told not to go out.

(a) will be jumping
(b) would have jumped
(c) had jumped
(d) would jump

04 Tomorrow, I had an important interview which will be airing. So I asked Carol to send me some questions she will ask. If I could prepare some, I _____ less stressed and have more confident.

(a) would be
(b) will be
(c) would have been
(d) had been

05 We didn't do enough in the first half and the striker kept missing the goal. If it had not been for our goalkeeper, it _____ worse at half time. As a result, our time won after all.

(a) could have been
(b) were
(c) could be
(d) had been

06 Mr. Hudson was offered an executive position in a huge construction company, but he turned down the offer for personal reasons. If he _____ the position, he would have received a salary which is two times higher.

(a) would have accepted
(b) had accepted
(c) will be accepting
(d) accepts

07 For most people, working can often be boring, repetitious, and annoying. Had people worked outside their home, those years _____ so pleasant,

(a) will not have been
(b) might not be
(c) might not have been
(d) has not been

08 I usually work with two or more pharmacy technicians to help me, and, if only one isn't available, it can get hectic. Behind every good pharmacist, there's a great technician. If not for them, I _____ my job.

(a) had done
(b) will be doing
(c) has done
(d) couldn't do

09 Additionally, the Court accepted the arguments that internship opportunities _____ reduced if interns were included under the statute, and any changes to the statute should be made by the legislature.

(a) might have been
(b) will be
(c) had been
(d) might be

10 As the contract was not advantageous for Irene, she turned down a transaction with JN company. If the contract were a bit more beneficial, she _____ with the company.

(a) will definitely work
(b) would definitely work
(c) had definitely work
(d) was definitely working

11 If it had not been for his exhibit of talent in chess, this young fellow _____ low confidence. Instead, this experience catapulted him to a successful college career.

(a) could have
(b) had had
(c) could have had
(d) was having

12 Samsung's prints were water-resistant thanks to dye-submersion technology, and its size is suitable for home use. If it were not for technical difficulties, the printer _____ more competitive on the market.

(a) might have been
(b) had been
(c) might be
(d) was being

G-TELP Level 2 문법 32점

Progressive tense

| Should 생략 3문항 | 가정법 6문항 | **진행시제 6문항** | 관계사 2문항 | 준동사 5문항 |

Grammar Point

1 평가 항목이 "Progressive Tense"이기 때문에 '진행시제'만 정답으로 체크

2 시제가 겹치지않고 하나씩 출제됨
- 현재진행
- 과거진행
- 미래진행
- 현재완료진행
- 과거완료진행
- 미래완료진행

3 혹시라도 시제의 단서가 없는 문제가 있을 경우
(1) 주변시제 확인
(2) 중복되지 않게 정답 선택

CHAPTER
03

진행시제

- 01 현재진행시제
- 02 과거진행시제
- 03 미래진행시제
- 04 현재완료진행시제
- 05 과거완료진행시제
- 06 미래완료진행시제

01 진행시제 PROGRESSIVE TENSE 총 6문제
– 현재진행시제

> G-TELP Level 2
> ▶ 매회 1문제 출제

01 현재진행시제의 형태 : am / are / is + V-ing '~하는 중이다'

02 현재진행과 함께 쓰는 시간 표현 `100% 출제 단서`

현재진행시제의 단서	예문으로 포인트단서 잡기
right now 바로 지금 `최빈출`	Right now, Minji is playing the piano.
now 지금 `최빈출`	Clara is now having a birthday party with her best friends.
currently 현재 `최빈출`	Ray is currently stuyding English for the test.
as of this moment 이 순간 `최근기출`	As of this moment, Jenny is carefully choosing her wedding dress.
at the moment 바로 지금 `최근기출`	At the moment, she is waiting for her boyfriend.
at this time 바로 지금 `기출`	They are having dinner at this time.
at present 현재 `기출`	At present, she's reading a book.
these days 요즘 `기출`	Our team members are planning a welcoming party for new employees these days.

> **정확하고 빠르게 푸는 1초 비법!**
>
> ■ 빈칸 주변에 시제 단서를 찾는다 : 단서 암기해서 적용 (모든 문장 해석필요 ×)
>   문제풀 때, 단서는 무조건 '동그라미' 표시하기!
>   She is ⟨currently⟩ studying ~
> ■ 단서가 없는 경우 문제풀이 전략 : 주변 문맥의 시제를 본다.
>   ➡ 선택지에 진행시제인 것을 확인해서 주변 문맥과 일치시킨다.

`필수 체크`

선택지 (a)-(d)에 now나 currently 가 포함되어 출제된다면? ➡ 무조건 현재진행을 정답으로 채택하기!
Jenny _____ English for the test.

(a) is currently studying
(b) was currently studying
(c) has currently studied
(d) had currently studied

1 초만에 단서 찾기! 현재진행시제

(1) 정답 근거에 동그라미
(2) 선택지에서 정답의 근거와 일치하는 진행 시제 선택

01 Dorothy, one of my best friends, applied for her dream company last month. As of this moment, she _____ a job interview with the chief manager.

(a) was having
(b) had
(c) is having
(d) has been having

02 Last year, I joined an environmental group called 'Go-Green'. Since then, I have been participating in the environmental protection campaign once a month. Right now, I _____ a recyclable wastes in the city center.

(a) having collected
(b) will be collecting
(c) collects
(d) am collecting

03 Clara has always wanted to stay fit and she asked her boyfriend to help her, so she _____ with him. By the time they finish exercising, they will have been jogging for more than 2 hours.

(a) was now jogging
(b) will now jogging
(c) is now jogging
(d) now jogging

04 Mr. Jonathan was seriously injured yesterday because of a car accident, so he is not able to work for a few weeks. For this reason, his supervisor _____ for a temporary replacement.

(a) was currently searching
(b) is currently searching
(c) had currently been searching
(d) currently search

05 Exhausted from studying in graduate school, Beth has been looking forward to enjoying the weekend at home with her dog Labbie. She _____ a walk with her dog right now and this is the most relaxing and joyful moment.

(a) is taking
(b) has been taking
(c) was taking
(d) will be taking

고난도 문제 (시제 단서가 없으면?!)
(1) 선택문항에서 진행시제가 아닌 것 소거
(2) 빈칸 주변 시제확인 → 이렇게만 하면 시제 정답률 100%

06 Students who _____ a hard time understanding their lessons are encouraged to seek personal tutoring. Aside from giving individual attention, he or she can help encourage student to ask questions without feeling embarrassed.

(a) had been having
(b) are having
(c) will have
(d) were having

02 진행시제 PROGRESSIVE TENSE 총 6문제
– 과거진행시제

▶ 매회 1문제 출제

01 현재진행시제의 형태 : was / were + Ving ~하는 중이다

02 현재진행과 함께 쓰는 시간 표현 100% 출제 단서

현재진행시제의 단서	예문으로 포인트단서 잡기 (단서에 동그라미!)
yesterday 어제 _{최빈출}	Jenny was playing basketball at 5 yesterday.
last+시간표현 night / week / year _{최근기출}	I was living in Busan this time last year. Ray was doing his homework last night.
at that time 그 때 _{기출}	Ray was studying genetics at University at that time.
at that moment 그 때 _{기출}	We were cooking at that moment.
시간표현 + ago ~ 전에 _{기출}	A few years ago, they were working together.
Until / In+ 과거시점 _{기출}	Until a few days ago, most analysts were betting on a quarter-point cut.
when+S+과거V, S+과거진행 _{최빈출} S+과거진행 when+S+과거V	We were climbing the mountain when the rain started.
While+S+과거진행, S+과거V _{최빈출} S+과거V while+S+과거진행	Jenny arrived home while Ray was cooking dinner. While I was getting off the bus I fell.

■ 과거진행의 경우 when, while 절에서 가장 많이 등장한다. (최빈출, 최근기출 위주로 시험에 등장함)

정확하고 빠르게 푸는 1초 비법!

■ 빈칸 주변에 시제 단서를 찾는다 ➡ 단서 암기해서 적용 (모든 문장 해석필요 ×)
　　　　　　　　　　　　　　　➡ 문제풀 때, 단서는 무조건 표시하기!

■ 단서가 없는 경우? ➡ 주변 문맥의 시제를 본다.
　　　　　　　　　➡ 선택지에 진행시제인 것을 확인해서 주변 문맥과 일치시킨다.

1 초만에 단서 찾기! 과거진행시제

(1) 정답 근거에 동그라미
(2) 선택지에서 정답의 근거와 일치하는 진행 시제 선택

01 I asked my flatmate to clean the flat as it was her turn. However, When I arrived home, she _____ on the sofa and watching television, doing nothing at all. It made me furious.

(a) is just lying
(b) was just lying
(c) has just lied
(d) not lying

02 I found some old photos which I had lost a decade ago while I _____ my room. They were photos that I took with my ex-boyfriend who sometimes appears in my dreams.

(a) cleaned
(b) was cleaning
(c) had cleaned
(d) is cleaning

03 Due to the inclement weather, the company outing was canceled. Instead, all the members of the staff came to work as usual. While we _____, we couldn't focus on the work due to the canceled outing.

(a) were working
(b) will work
(c) are working
(d) worked

04 Last week, I led a seminar for graduate students on how to give speeches successfully in front of hundreds of people. During the seminar, some of them asked lots of questions while I _____ how to captivate the audience into a speech.

(a) had explained
(b) was explaining
(c) will be explaining
(d) has been explaining

05 Last night, Ray _____ on phone with his girlfriend and ended up staying all night. As a result, he didn't finish his report and was even late for the test. Professor Lee told him that he couldn't take the test and would get a bad grade for it.

(a) is talking
(b) talked
(c) was talking
(d) had talked

고난도 문제 (단서가 없으면?!)

(1) 선택문항에서 진행시제가 아닌 것 소거
(2) 빈칸 주변 시제확인 → 이렇게만 하면 시제 정답률 100%

06 When the hotel staff came knocking at the door, Lucy had just put her baby to sleep. She quietly opened the door and requested that they be more quiet because her baby _____ deeply.

(a) slept
(b) will be sleeping
(c) has slept
(d) was sleeping

03 진행시제 PROGRESSIVE TENSE 총 6문제
– 미래진행시제

G-TELP Level 2
▶ 매회 **1**문제 출제

01 미래진행시제의 형태 : will + be + Ving ~하는 중이다

02 미래진행과 함께 쓰는 시간 표현 **100% 출제 단서**

현재진행시제의 단서	예문으로 포인트단서 잡기 (단서에 동그라미!)
tomorrow 최빈출	He will be leaving tomorrow.
next + 시간 (week, year) 최빈출	I will be having a dinner with him next week.
by + 미래시점 최빈출	Employees will be working only thirty hours a week by next year.
in + 미래 최근기출	In a few years, Jenny will be working for her dream company.
Until + 미래시점 기출	We'll be trying to extend our business hours until at least the end of the season.
Starting/following/beginning + 미래시점 기출	Beginning on next Monday, I will be teaching students.
This + 미래시점 최근기출	I will be taking a math test this afternoon.
시간 부사절 접속사	접속사+S+현재동사, S+will+be+Ving
When 최근기출	When they arrive, I will be cooking dinner.
Before 최근기출	She'll be running the place before we leave here.
After 기출	After Natali has left her company, she will be spending 3 months in Europe.
Until 기출	We will be working around the clock until we catch up.
Once 기출	I will be missing Korean food once I leave here for studying abroad.
By the time 기출	Jay will be boarding by the time he lands.
As soon As 기출	As soon as Jane arrives, we will be having a birthday party with her.
**If+S+현재동사, S+will+be+Ving 최근기출	If we think that the assigned work is finished, we will be making a big mistake

정확하고 빠르게 푸는 1초 비법!

- 빈칸 주변에 시제 단서를 찾는다 ➡ 단서 암기해서 적용 (모든 문장 해석필요 ×)
  ➡ 문제풀 때, 단서는 무조건 표시하기!
  Next year, she will be studying ~
- 단서가 없는 경우? ➡ 주변 문맥의 시제를 본다.
  ➡ 선택지에 진행시제인 것을 확인해서 주변 문맥과 일치시킨다.

1초만에 단서 찾기! 미래진행시제

(1) 정답 근거에 동그라미
(2) 선택지에서 정답의 근거와 일치하는 진행 시제 선택

01 Every student in this school _____ a youth festival tomorrow. To participate this event, students should submit this form to a teacher in charge until today. Otherwise, no one will not be able to get a special coupon.

(a) is attending
(b) attends
(c) would be attending
(d) will be attending

02 Although our company encountered the financial crisis recently, the team manager wants to release a new product on the market. That's why starting next week, we _____ on an online promotion of the product.

(a) have focused
(b) will be focusing
(c) will have focused
(d) is focusing

03 My roommate Joy caught a cold yesterday because she got soaked up in the rain. So, she went to see a doctor this morning and was advised to take a cold medicine three times a day. She _____ the third medicine by the time it becomes five o'clock this afternoon.

(a) took
(b) is taking
(c) will be taking
(d) has been taking

04 Jane and her husband are planning to go on a honeymoon in Spain for a week departing tomorrow. She is currently talking on the phone with her mother, reminding her that they _____ at Casual Hoteles until next Thursday.

(a) were staying
(b) had been stayed
(c) will be staying
(d) will stay

05 Visitors of our restaurant last week had a stomach pain and we are now taking actions. We politely ask all the affected customers not to take any action and wait our call as we _____ all affected parties this afternoon and compensate for it.

(a) will be contacting
(b) contacted
(c) has contacted
(d) contacts

고난도 문제 (단서가 없으면?!)
(1) 선택문항에서 진행시제가 아닌 것 소거
(2) 빈칸 주변 시제확인 → 이렇게만 하면 시제 정답률 100%

06 Susan is now donating proceeds to the flood relief, and all employees in this building _____ in the community clean-up project. Hundreds of people are helping flood victims, hoping that they will recover financial stability.

(a) volunteers
(b) will be volunteering
(c) has been volunteered
(d) were volunteering

04 진행시제 PROGRESSIVE TENSE 총 6문제
– 현재완료진행시제

> G-TELP Level 2
> ▶ 매회 **1**문제 출제

01 현재완료진행이란?
과거보다 이전의 시점(대과거)부터 과거 시점까지 계속 진행되고 있을 때 사용된다.

02 현재완료시제의 형태 : has/have + been + Ving
해석 : '~해오는 중이다'

03 현재완료진행과 함께 쓰는 시간 표현 100% 출제 단서

현재진행시제의 단서	예문으로 포인트단서 잡기 (단서에 동그라미!)
Since 시점 Since + S + 과거동사 _{최빈출}	Minji has been studying since this morning. Minji has been working in the marketing department since she moved to Korea.
Ever since 시점 (~이후로 줄곧) _{최빈출}	Negotiations have been continuing ever since.
for + 숫자 기간 [주의!! for + 숫자기간 + now] _{최빈출}	Cloe has been working as a chief editor for 5 years. All the workers here has been working hard for almost 5 hours now.
recently _{기출}	Recently, our company has been planning to hire more security because of recent break-in.
lately _{기출}	Jane has been looking for a partner for the Christmas party lately.
so far (지금까지 줄곧) _{기출}	Young students have been volunteering for the homeless so far.
Over/In/For+the past+숫자기간 _{기출낮음}	Most people have been riding a bike on the sidewalk over the past fifty years.

정확하고 빠르게 푸는 1초 비법!

■ 빈칸 주변에 시제 단서를 찾는다 ➡ 시제 단서에 동그라미 (모든 문장 해석필요 ×)
　　　　　　　　　　　　　　➡ 선택지 진행시제만 체크
　　　　　　　　　　　　　　➡ 단서와 일치하는 진행시제 체크!

■ 단서가 없는 경우? ➡ 주변 문맥의 시제를 본다.
　　　　　　　　　➡ 선택지에 진행시제인 것을 확인해서 주변 문맥과 일치시킨다.

1 초만에 단서 찾기! 현재완료진행시제

(1) 정답 근거에 동그라미 + 선택문항 진행시제만 표시
(2) 선택지에서 정답의 근거와 일치하는 진행 시제 선택

01 The workers started a demonstration at the AL factory. The chief manager holed up in his office for three hours and finally came out to negotiate. After all, the working hours were reduced and the productivity _____ steadily since then.

(a) has been increasing
(b) has increased
(c) was increasing
(d) will be increasing

02 Jen's Kitchen opened its first restaurant in California in 2005 and _____ successfully since then. Presently, it is the most famous restaurant in the city. Furthermore, it has been developing new recipes which attract lots of customers.

(a) being operated
(b) had operated
(c) has been operating
(d) was operating

03 Jane and her husband _____ for many years for UNICEF, and a few months ago, they traveled to Haiti to learn more about the damage recovery efforts since the earthquake in 2010 and the nationwide cholera in 2011.

(a) have volunteered
(b) were volunteering
(c) had volunteered
(d) have been volunteering

04 According to a poll of young adults in U.S, half of them didn't support capitalism. Conversely, 33% supported socialism. This is a political awakening that _____ over the last several years.

(a) have developed
(b) is developing
(c) was developing
(d) has been developing

05 Nate, who is my best friend, gave me a book Pride and Prejudice written in French as a birthday present. I'm so consumed by this book that I haven't been able to put it down. In fact, I _____ it since last night.

(a) has been reading
(b) reads
(c) is reading
(d) will be reading

고난도 문제
(1) 선택문항에서 진행시제가 아닌 것 소거
(2) 빈칸 주변 시제확인 → 이렇게만 하면 시제 정답률 100%

06 Jonathan, the school president, is very confident that he will undoubtedly win the gold medal for the writing contest next Friday. To get prepared for the contest, he _____ writing more than hundred times.

(a) had been practicing
(b) has been practicing
(c) was practicing
(d) will practice

05 진행시제 PROGRESSIVE TENSE 총 6문제
– 과거완료진행시제

G-TELP Level 2
▶매회 1문제 출제

01 과거완료진행이란?
과거의 시점부터 현재까지 계속 진행되고 있을 때 사용된다.

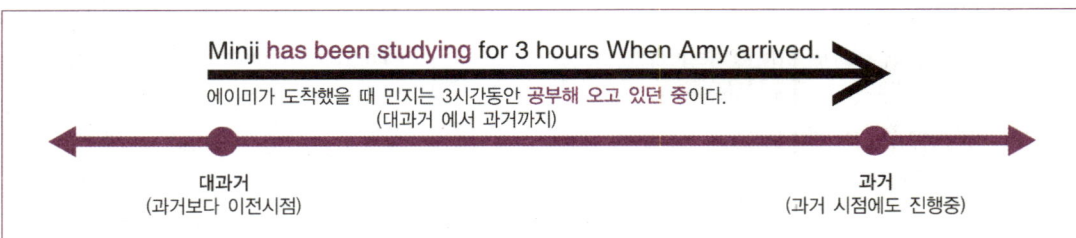

Minji **has been studying** for 3 hours When Amy arrived.
에이미가 도착했을 때 민지는 3시간동안 공부해 오고 있던 중이다.
(대과거 에서 과거까지)

대과거 (과거보다 이전시점) — 과거 (과거 시점에도 진행중)

02 과거완료시제의 형태 : had + been + Ving '~해오던 중이었다'

03 과거완료진행과 함께 쓰는 시간 표현 100% 출제 단서

현재진행시제의 단서	예문으로 포인트단서 잡기 (단서에 동그라미!)
접속사	접속사+S+과거V, S+had+been+Ving (for + 숫자기간)
Before 최빈출	I had been working out for an hour before my friends came. Before deciding to remain in the state, we had been considering a trip to Hawaii.
When 최근기출	When Tony called me, I had been watching television for 2 hours.
Until 최근기출	Until Henry moved to Seoul last month, he had been living in Busan for a decade. Until discovery, people had been considering it to be ineffective.
By the time 기출	By the time Linda finished her homework yesterday, she had been studying for 5 hours.
'for + 숫자기간'만 있는 경우 최근기출	Sandy said they had been evaluating the schedule.

■ 과거완료진행의 80%는 Before절과 함께 정답이 출제된다.

정확하고 빠르게 푸는 1초 비법!

■ 빈칸 주변에 시제 단서를 찾는다. ➡ 시제 단서에 동그라미 (모든 문장 해석필요 ×)
　　　　　　　　　　　　　　➡ 선택지 진행시제만 체크
　　　　　　　　　　　　　　➡ 단서와 일치하는 진행시제 체크!
■ 단서가 없는 경우? ➡ 주변 문맥의 시제를 본다.
　　　　　　　　　➡ 선택지에 진행시제인 것을 확인해서 주변 문맥과 일치시킨다.
단서가 없는 경우 for + 숫자기간이 출제되며 선택지에 완료진행시제가 하나만 등장하는 경우가 많음

1 초만에 단서 찾기! 과거완료진행시제

(1) 정답 근거에 동그라미 + 선택문항 진행시제만 표시
(2) 선택지에서 정답의 근거와 일치하는 진행 시제 선택

01 Kate, the chief manager of this shop, went out for lunch. By the time she got back to the shop, the client _____ for an hour to exchange what she bought the other day.

(a) is waiting
(b) have been waiting
(c) had been waiting
(d) waited

02 Yesterday was Ray's birthday and his family invited his friends to celebrate. That day, his parents gave him the present which he _____ for a long time. It was a Persian cat with a long white fur.

(a) longed
(b) will be longing
(c) had been longing
(d) was longing

03 Jenny, who is a famous pianist, started playing the piano at the age of four. She _____ the piano for 20 years when she was asked to do a solo with the most famous orchestra in Europe.

(a) have been playing
(b) are playing
(c) had been playing
(d) would have played

04 After the 1978 earthquake in Korea, known as Hongseong earthquake, rescuers detected a man who _____ a parking structure when the temblor occurred and the structure collapsed on top of him

(a) were cleaning
(b) had been cleaning
(c) cleaned
(d) have been cleaning

05 As the construction work had been finished quite early, local residents _____ questions about safety on the construction site for months before the accident.

(a) had raised
(b) will be raising
(c) had been raising
(d) was raised

고난도 문제 (단서가 없으면?!)
(1) 선택문항에서 진행시제가 아닌 것 소거
(2) 빈칸 주변 시제확인 → 이렇게만 하면 시제 정답률 100%

06 On the way home, Henry wanted to sit down in a bus because he _____ all day at work. However, he had to give up his seat as the olds got on the bus. He gave his seat for one of them.

(a) is studying
(b) had been studying
(c) will be studying
(d) studies

06 진행시제 PROGRESSIVE TENSE 총 6문제
– 미래완료진행시제

▶ 매회 **1**문제 출제

01 미래완료진행이란?

과거 또는 현재 시점부터 미래까지 계속 진행될 때 사용된다.

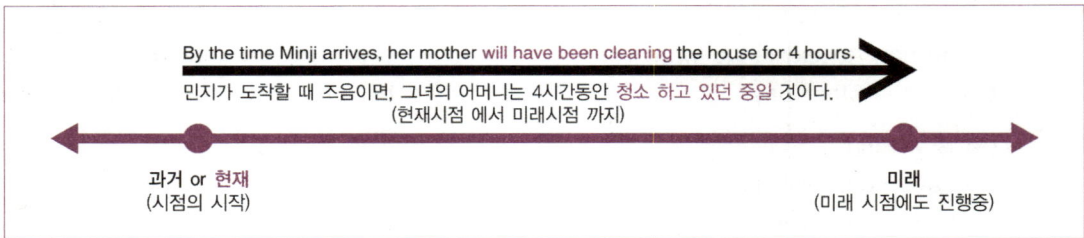

By the time Minji arrives, her mother will have been cleaning the house for 4 hours.
민지가 도착할 때 즈음이면, 그녀의 어머니는 4시간동안 청소 하고 있던 중일 것이다.
(현재시점 에서 미래시점 까지)

과거 or 현재 (시점의 시작) ← → 미래 (미래 시점에도 진행중)

02 미래완료시제의 형태 : will + have + been + -ing '~해오는 중일 것이다'

03 미래완료진행과 함께 쓰는 시간 단서 100% 출제 단서

미래진행시제의 단서	예문으로 포인트단서 잡기 (단서에 동그라미!)
접속사	접속사+S+현재V, S+will+have+been+Ving (for+숫자기간)
By the time 최빈출	By the time Jenny arrives, Matthew will have been studying English for 4 hours.
When 최근기출	When Jay finishes the homework, he will have been doing it for 4 hours.
Before 최근기출	Bailey will have been studying in the library for three hours before he comes to the class.
If 최근기출고난도	If it's midnight, he will have been sleeping for four hours by then.
시점	
By In 기출 Until	By then, Gerald will have been playing cello at the People's Music School for at least five years. In this March, we'll have been living together for five years.

정확하고 빠르게 푸는 1초 비법!

- 빈칸 주변에 시제 단서를 찾는다 ➡ 시제 단서에 동그라미 (모든 문장 해석필요 ×)
  ➡ 선택지 진행시제만 체크
  ➡ 단서와 일치하는 진행시제 체크!
- 단서가 없는 경우? ➡ 주변 문맥의 시제를 본다.
  ➡ 선택지에 진행시제인 것을 확인해서 주변 문맥과 일치시킨다.

1초만에 단서 찾기! 미래완료진행시제

(1) 정답 근거에 동그라미 + 선택문항 진행시제만 표시
(2) 선택지에서 정답의 근거와 일치하는 진행 시제 선택

01 Last year, I entrusted the construction of my parent's house to JR construction company. This company _____ it for over seven months by the time it is finished.

(a) will have been building
(b) had been building
(c) build
(d) was buiding

02 My boyfriend had bought me a special plant when we first met. He named this special plant Joy because he wanted me to be happy whenever I water it. By tomorrow, this plant _____ for more than 10 months.

(a) is growing
(b) was grown
(c) will have been growing
(d) had been growing

03 Jenny has been studying Global Health since she learned about global health issues when she was in the university. By the time she graduates, She _____ Global Health for 4 years.

(a) has been studying
(b) had studied
(c) is studying
(d) will have been studying

04 Mindy has been cooking since this morning because she invited her daughter's friends for the birthday party. She _____ the food for almost 4 hours by the time the guests arrive to eat delectable dishes.

(a) will prepare
(b) will have been preparing
(c) would have prepared
(d) has been preparing

05 Matthew and Olivia had planned to meet in front of the Cathedral of Notre Dame in Paris at noon. However, Mathew didn't show up at the appointed time because he overslept. By the time Matthew arrives, Olivia _____ for more than 4 hours.

(a) has waiting
(b) was waiting
(c) had been waiting
(d) will have been waiting

고난도 문제
(1) 선택문항에서 진행시제가 아닌 것 소거
(2) 빈칸 주변 시제확인 → 이렇게만 하면 시제 정답률 100%

06 If we continue working until 6 in the evening, we _____ on this report for five hours without a break and we'll be too exhausted to work any more today.

(a) was working
(b) will have been working
(c) will work
(d) had worked

진행시제 실전 연습문제

01 Yesterday, my father gave me a 7-week-old black Labrador retriever, which I've always wanted to have. I couldn't stop playing with this cute little dog and I _____ him in my arms for an hour by the time it becomes noon.

(a) will hold
(b) will be holding
(c) has been holding
(d) will have been holding

02 My grand parents said that they _____ forward to retirement for a long time so that they can relax in the garden and enjoy the rest of their lives. However, just as this wonderful dream was about to become a reality, they suddenly found themselves lonely.

(a) is looking
(b) would have looked
(c) looked
(d) had been looking

03 Amy lives on her own and _____ to catch up on years of missed education. Whenever she feels exhausted from work and study, she always think of herself getting promoted from her current position.

(a) currently studies
(b) is currently studying
(c) was currently studies
(d) will currently study

04 Hundreds of people are helping flood victims, hoping that they will recover financial stability. Susan _____ proceeds to the flood relief, and all employees in this building will be volunteering in the community clean-up project.

(a) is now donating
(b) has now donated
(c) donated
(d) was now donating

05 3 years ago, I joined a group called 'Protect the Green' with my husband. Since then, I _____ the environmental protection campaign three times a month. Also, we donate proceeds from our store as well.

(a) having participated
(b) will be participating
(c) participates
(d) have been participating

06 South Korea's new confirmed cases jumped to 61 from 47 yesterday. Hospitalizations in Seoul _____ for few months now and the governor said that a shuttered temporary hospital would be reopen.

(a) have also been rising
(b) had also been rising
(c) will have risen
(d) risen

07 The scientists found that as sounds come from higher locations, the neurons are less likely to respond. When participants began wearing the ear molds, their auditory neurons _____ in a far more disorganized manner.

(a) were firing
(b) have been firing
(c) will fire
(d) fires

08 Right now, nearly all public schools _____ to allow students to return for just part of the week in Seoul. But some private school will open full time for all students as their parents insist to do so.

(a) plans
(b) will plan
(c) was planning
(d) are planning

09 Barbara has always wanted to stay fit, so she asked her boyfriend to help her. Right now, she is jogging with him. By the time they finish exercising, they _____ for more than 2 hours.

(a) was jogging
(b) will jogging
(c) is jogging
(d) will have been jogging

10 Last year, researchers _____ to induce gynogenesis, which is a form of asexual production that requires the presence of sperm, but not the actual contribution of their DNA.

(a) is tried
(b) will be trying
(c) were trying
(d) try

11 As I heard the news that my younger sister Donna got promoted, I planned to organize a surprise party for her. To celebrate, I _____ her favorite meal when he comes home.

(a) will be cooking
(b) will cook
(c) is cooking
(d) has been cooking

12 Dr. Smoliga, who is a veterinarian and exercise scientist, _____ on a analysis of the maximum number of hot dogs that a human could theoretically consume in 10 minutes for the past few months.

(a) has worked
(b) worked
(c) was working
(d) had been working

진행시제 실전 연습문제

13 As I have reported in my column, scientists _____ technologies for years that will allow people to interact with computers using their brains, or control or even communicate with others, just by thinking about it.

(a) will build
(b) have been building
(c) had been built
(d) is building

14 Matthew's family congratulated him for receiving an Excellence award. At the ceremony, he couldn't enjoy the honorable moment as he _____ from headaches since that morning.

(a) had been suffering
(b) suffered
(c) was suffering
(d) will be suffering

15 If you are learning subjects such as maths and economics and show the capability to learn more, you _____ the ideal skills for potential employment.

(a) were displaying
(b) displays
(c) will display
(d) are displaying

16 Dennis, ever since he was young, has dreamed of becoming a writer. He estimates that by the time he finally finishes his novel, he _____ fiction for more than twenty years.

(a) will have been writing
(b) will be writing
(c) is writing
(d) will write

17 Ronda hurried to the bus stop after hard work so she could go home as soon as possible. However, while she _____ at the bus stop, she remembered that she left her bus card on her desk.

(a) is waiting
(b) was waiting
(c) waited
(d) had waited

18 If we continue working until 6 : 00, we _____ on this project for five hours without a break and we'll be too exhausted to work any more today.

(a) will have been working
(b) have been working
(c) worked
(d) had worked

19 Experts _____ precisely to see what economic impact the renewed coronavirus outbreak in states like California, Texas and Florida will have on the overall economy.

(a) will have watched
(b) have been watching
(c) watches
(d) was watching

20 As my little sister Kate will be graduating this weekend, our family reserved a table at her favorite restaurant. We _____ there to celebrate as soon as the graduation ceremony finishes.

(a) will be going
(b) is going
(c) have gone
(d) will have been going

21 For many investors all over the world, the more unpredictable factor will be the Chinese economy, which _____ at a much slower rate since last year.

(a) is growing
(b) has grown
(c) will grow
(d) has been growing

22 In order for Fiona to meet our deadline, she was forced to work though she was feeling sick. She reported to her colleagues that she _____ sick for two hours before she decided to go home.

(a) was feeling
(b) is feeling
(c) had felt
(d) had been feeling

23 In recent years, as my children _____ history and we have become aware that school vacations will not last forever, we have been conscientious about traveling to these places.

(a) have been studying
(b) will study
(c) had studied
(d) studied

24 If you are fortunate to secure an interview, it is always worth searching who _____ you. Search the internet to see what you can find out about his or her career history, areas of expertise and interests.

(a) has been interviewing
(b) had interviewed
(c) will be interviewing
(d) interview

G-TELP Level 2 문법 32점

Relative Clause

| Should 생략 3문항 | 가정법 6문항 | 시제 6문항 | 관계사 2문항 | 준동사 5문항 |

Grammar Point

1 7가지 팁만 익혀도 정답

CHAPTER
04

관계사

▶ 01 관계사

01 관계사

▶ 매회 **2문제** 출제

- 추가적으로 안정적인 점수를 얻기 원한다면 관계사 단원의 **7가지 팁**만 적용해서 문제를 풀어도 충분하다.
  [스킬만 외워서 적용해도 문제풀이 해도 2문제 해결 100% 가능!]

관계사의 정의
- 두 문장에 공통되는 명사가 있을 때, 명사를 매개로 두 문장을 하나의 문장으로 연결해주는 역할을 한다.

관계대명사
- I have a friend. + My friend is a famous actress.
  have a friend who is a famous actress.
- 두 번째 문장의 주어 대신 who(관계대명사)를 사용하였기 때문에 who 뒤의 문장이 불완전하다.
- 관계대명사의 종류

	주격	목적격	소유격
사람	who	whom (who도 가능하나 whom으로만 출제)	whose
사물*동물	which	which	whose
사람*동물*사물	that	that	-

관계부사
- We want to visit the restaurant. Kate ate dinner at the restaurant yesterday.
  We want to visit the restaurant where Kate ate dinner yesterday.
  - 시간, 장소, 이유, 방법 등을 나타내는 명사를 수식하며 뒤 문장이 완전하다.
  - 시간 명사 + when
  - 장소 명사 + where

관계사 문제풀이 찍기 방법!

01 선택지에서 what, why, how, whose를 소거한다. ➡ 항상 오답으로 출제됨
  관계부사는 when과 where만 출제됨
02 whom 뒤에 바로 동사가 오는 경우 (whom bought me a flower) 소거 ➡ 문법적 오류
03 the thing that, something that 패턴

빈칸 앞 ,(콤마)가 있는 경우

04 빈칸 앞에 ,(콤마)가 있는지 없는지 확인하기. 콤마가 있으면 that은 무조건 소거
05 빈칸 앞 수식을 받는 명사가 사람이면 who, 사물이면 which (뒤 문장은 불완전)
06 장소, where + 완벽한 문장
  시간, when + 완벽한 문장

,(콤마)가 없는 경우

07 지텔프 레벨2에서는 콤마가 없으며 빈칸 뒤 문장이 불완전한 경우 that이 정답이 될 확률 70%
  선택지에 that이 없으며 빈칸 앞이 사람일 경우 who가 정답
  [장소 where + 완벽한 문장 시간 / when + 완벽한 문장]

관계사 7가지 스킬로 100점 맞기 연습문제

(1) 선택지 소거
(2) 콤마의 유무 파악하여 팁 적용하기

01 For many investors all over the world, the most unpredictable factor will be the Chinese economy, _____ since last year.

(a) who has been growing at a much slower rate
(b) that has been growing at a much slower rate
(c) which has been growing at a much slower rate
(d) what has been growing at a much slower rate

02 Dr. Smoliga, _____ , had been working on a analysis of the maximum number of hot dogs that a human could theoretically consume in 10 minutes for the past few months.

(a) who is a veterinarian and exercise scientist
(b) that is a veterinarian and exercise scientist
(c) whom is a veterinarian and exercise scientist
(d) what is a veterinarian and exercise scientist

03 Ayn Rand had a play produced on Broadway in 1935. After two early novels _____ , she achieved fame with her novel in 1943, The *Fountainhead*.

(a) what were initially unsuccessful
(b) which they were initially unsuccessful
(c) that were initially unsuccessful
(d) who were initially unsuccessful

04 Last week, Samantha made a big mistake on a financial report _____ . If she had checked once again, she would have been promoted already.

(a) which it led her in trouble
(b) that led her in trouble
(c) whose led her in trouble
(d) what led her in trouble

05 The announcement told us to stay still, but the ship was already sinking and there were lots students _____ . If people had jumped into the water, they could have been rescued. But we were told not to go out.

(a) whom did not get out of the ship
(b) what did not get out of the ship
(c) whose did not get out of the ship
(d) that did not get out of the ship

06 Most social issues could be prevented if people had more money and practical advice. The existing benefits system is inefficient, _____ to which they are legally entitled.

(a) what is why lots of workers do not claim the benefits
(b) that is why lots of workers do not claim the benefits
(c) which is why lots of workers do not claim the benefits
(d) who is why lots of workers do not claim the benefits

07 Helen attended a jazz concert last night with her friends. As a result, she reported late for a meeting _____.
She kept thinking, "If I had not watched the concert, I would have been promoted already".

(a) which was important for her promotion.
(b) what was important for her promotion.
(c) whose was important for her promotion.
(d) who was important for her promotion.

08 After the 1978 earthquake in Korea, known as Hongseong earthquake, rescuers detected a man _____ when the temblor occurred and the structure collapsed.

(a) which were cleaning a parking structure
(b) what were cleaning a parking structure
(c) who were cleaning a parking structure
(d) whom were cleaning a parking structure

09 Jenny, _____, started playing the piano at the age of four. She had been playing the piano for 20 years when she was asked to do a solo with the most famous orchestra in Europe.

(a) whom is a famous pianist
(b) what is a famous pianist
(c) which is a famous pianist
(d) that is a famous pianist

10 I think the thing _____ is seizing those moments when I'm well and trying to make the most of them whether it's writing a column or traveling to host a young adults cancer symposium.

(a) which helps me the most
(b) when it helps me the most
(c) whose helps me the most
(d) that helps me the most

11 Students _____ understanding their lessons are encouraged to seek personal tutoring. Aside from giving individual attention, he or she can help encourage a student to ask questions without feeling embarrassed.

(a) who are having a hard time
(b) what are having a hard time
(c) which are having a hard time
(d) whose are having a hard time

12 Nursing homes where seniors with illness stay are rising increasingly the place _____. Therefore, advance directives are vital to the preservation of the autonomous wishes at end-of-life.

(a) where many Americans die
(b) when many Americans die
(c) how many Americans die
(d) what where many Americans die

MEMO

G-TELP Level 2
문법 32점

Gerunds (동명사)
Infinitives (To 부정사)

| Should 생략 3문항 | 가정법 6문항 | 시제 6문항 | 관계사 2문항 | 준동사 5문항 |

Grammar Point
1 동명사로만 찍어서 5개중 3개 정답

CHAPTER
05

준동사

▸ **01** 준동사

01 준동사 [To부정사 2문제, 동명사 3문제]

▶ 매회 **5**문제 출제

■ **준동사 5개 문제중 찍어서 3개 맞추는 비법**
총 5문제 중 비중이 더 큰 단순 동명사(Ving)로만 찍으면 됨.

준동사 문제 구별법

01 선택지의 구성을 확인하기
선택지에 to V의 형태와 V-ing 형태가 2개 이상 있다.

> (a) to study
> (b) studying
> (c) having studied
> (d) studies

02 정답을 체크 하는 포인트
단순 동명사를 정답으로 선택 (가장 간단한 V-ing를 정답으로 체크)

03 총 5문제인지 확인하고 표시하기
혹시나 시제 문제와 혼동할 수 있기 때문에 각각의 유형을 적어두기

실전에서 문제푸는 비법

준1 (준동사 문제가 나오면 총5개 출제되기 때문에 하나씩 기록해 놓기)
Katrina is a professional make-up artist who still dreams of becoming an actress herself someday. In fact, she imagines _____ the one receiving the special treatment whenever she does the makeup of celebrities

(1) 문제유형 확인 : to 부정사 Ving 동명사의 형태가 선택지에 2~3개 이상
(a) to have been
(b) to be
(c) having been
(d) being   (2) 가장 단순한 V-ing 만을 정답으로 채택하면 준동사 5개중에 3개 정답
          (1) - (2)를 적용하여 being 이 정답

04 추가 TIP
   (1) 명사 + to V (예외 : have difficulty -ing)
   (2) 형용사 + to V
   (3) be + pp + to V
   (4) (plan, want, need, decide, seek, seem, hope, choose) + to V

준동사 찍기 전용문제

(1) 선택지가 '준동사 유형'인지 파악
(2) 무조건 V-ing 형태를 정답으로 선택 → 5개중 3개는 무조건 정답!

01 Nate was instructed _____ overnight and only allowed to drink water. If he had not been fasting or if he had experienced any illness, a new test day would have been scheduled for him.

(a) to fast
(b) fasting
(c) having fasting
(d) had fasted

02 Yesterday, my father gave me a 7-week-old black labrador retriever, which I have always wanted to have. I couldn't stop _____ with this cute little dog.

(a) playing
(b) having played
(c) to play
(d) is playing

03 If you are studying subjects such as maths and science and economics and enjoy the content and show the capability _____ more, you are displaying the skills for potential employment.

(a) learning
(b) to learn
(c) to have learnt
(d) are learning

04 If you are fortunate _____ an interview, it is always worth searching who will be interviewing you. Search internet to see what you can find out about their career history, areas of expertise and interests.

(a) to secure
(b) securing
(c) to have secured
(d) having secured

05 The researchers found that as sounds comes from higher locations, the neurons are less likely to respond. When participants began _____ the ear molds, their auditory neurons were firing in a far more disorganized manner.

(a) to have worn
(b) wears
(c) wearing
(d) having worn

06 Jane and her husband has been volunteering for many years for UNICEF, and a few months ago, we traveled to Haiti _____ more about the recovery efforts since the earthquake in 2010 and the nationwide cholera in 2011.

(a) has learned
(B) to be learned
(c) learning
(d) to learn

07 Tomorrow, I had an important interview which will be airing. So I asked Carol _____ me some questions she will ask. If I could prepare some, I would be less stressed and have more confident.

(a) is sending
(b) to send
(c) to have sent
(d) sending

08 To catch NEOWISE yourself, look up at the northwest skies for about an hour and a half after sunset. Experts suggest _____ to the darkest area you can for best viewing.

(a) to go
(b) to be gone
(c) going
(d) have gone

09 It is fairly commonplace for children to dread _____ back to school after the weekend with family, but my daughter Lily loves going back to school to play with her friends.

(a) having gone
(b) to have gone
(c) to go
(d) going

10 As I've reported in my column, developers have been building technologies for years that will allow people _____ with computers using their brains, or control or even communicate with others, just by thinking about it.

(a) interacting
(b) having interacted
(c) to interact
(d) interacts

11 Dennis, ever since he was young, has dreamed of _____ a writer. He estimates that by the time he finally finishes his novel, he will have been writing fiction for more than twenty years.

(a) to become
(b) becoming
(c) having become
(d) has been becoming

12 Mark thought he might have to take a few semesters off to pay off his last term. That's why he has been delaying _____ since then. Currently, he is working at his uncle's cafe.

(a) to graduate
(b) graduates
(c) graduating
(d) having graduated

MEMO

G-TELP Level 2
문법 32점

실전 모의고사

▸ 실전모의고사 **1**회
▸ 실전모의고사 **2**회
▸ 실전모의고사 **3**회

실전모의고사 1회

01 Ear infections are among the most common reasons among the dogs that are seen by their veterinarian especially in summer. An ear infection _____ be caused by bacteria or yeast.

(a) must
(b) shall
(c) would
(d) can

02 Patrick, one of my colleagues, applied for her dream company last week. As of this moment, she _____ a job interview with the chief manager. Hopefully, she will get accepted there.

(a) was doing
(b) did
(c) is doing
(d) has been doing

03 Currently, two-thirds of the children in India who die of measles and other preventable childhood diseases _____ if they had had easy access to immunization.

(a) survived
(b) would have survived
(c) would survived
(d) is surviving

04 The workers started a demonstration at the AL factory. The chief manager holed up in his office for three hours and he came out to negotiate. After all, the working time was reduced and the productivity _____ steadily since then.

(a) has been increasing
(b) has increased
(c) had increased
(d) will be increasing

05 Every student in this school _____ a youth festival tomorrow. To participate this event, students should submit this form to a teacher in charge until today. Otherwise, one will not be able to get a special coupon.

(a) is attending
(b) attends
(c) would be attending
(d) will be attending

06 The organizations' duty to satisfy consumers' demand sometimes generates various environmental negative impacts caused by delayed responses to the issues. Therefore, it is necessary that this relation between organizations and environment _____.

(a) be effectively managed
(b) had effectively been managing
(c) effectively managing
(d) didn' effectively manage

07 For many investors all over the world, the more unpredictable factor will be the Chinese economy, _____ since last year.

(a) who has been growing at a much slower rate
(b) that has been growing at a much slower rate
(c) which has been growing at a much slower rate
(d) what has been growing at a much slower rate

08 Last year, I entrusted the construction of my parent's house to JR construction company. This company _____ it for over seven months by the time it is finished.

(a) will have been building
(b) had been building
(c) build
(d) was buiding

09 Jan was offered a position of a chief manager of JN company on terms to attrct more customers and make the company profitable comparing to last year. Thus, it is crucial that she _____ her best to use of this opportunity.

(a) tries
(b) try
(c) will try
(d) was trying

10 Color is the most important element when I choose things to buy. Currently, I'm taking a big risk _____ furniture because there were lots of furniture which colors are fantastic. People who buy things with certain color they love to spend so much time buying.

(a) to choose
(b) has chosen
(c) choosing
(d) to have chosen

11 Kate, a chief manager of this shop, went out for lunch. By the time she got to the shop, the client _____ for an hour to exchange what she bought the other day.

(a) is waiting
(b) have been waiting
(c) had been waiting
(d) waited

12 AYN RAND grew up and was educated in Russia. _____, she resolved to move to the United States because of the political revolution. She had a play produced on Broadway in 1935.

(a) naturally
(b) In fact
(c) thus
(d) however

13 These days, lots of undocumented immigrants accept whatever wage is given to them. The solution lies in mobility for migrants and a new emphasis on workers' rights. If migrants could move between jobs, they _____ free to expose abusive employers.

(a) would have been
(b) would be
(c) will be
(d) being

14 Yesterday, my father gave me a 7-week-old black labrador retriever, which I have always wanted to have. I couldn't stop _____ with this cute little dog.

(a) playing
(b) having played
(c) to play
(d) is playing

15 It's important for the parents to instill confidence to their children at a very young age. Children _____ better with problems they encounter in later life if they were happy in themselves.

(a) would deal
(b) had dealt
(c) will deal
(d) would have dealt

16 If the government were competing with business, interest rates would be on the rise. Also, If employers were uncertain about making new hires, they _____ work done by increasing the hours of current employees.

(a) will get
(b) would have gotten
(c) got
(d) would get

17 Language testing service of English has been developing in China over the past two decades. _____, little research about it is existent about how these tests are developed, administered, and used.

(a) However
(b) Likewise
(c) Besides
(d) In fact

18 If John had put all the money he earned in his wife's bank account and asked her to handle it, he _____ enough money to buy luxurious Tesla they had been longing for a long time.

(a) would save
(b) will have saved
(c) would have saved
(d) had saved

19 Most universities in California hire more temporary faculty, refered to as "teaching machines", and have them teach more classes and pay them less. They suggest that first year graduate students _____ undergraduate classes.

(a) teach
(b) teaches
(c) are teaching
(d) had taught

20 Helen attended a jazz concert last night with her friends. As a result, she reported late for a meeting which was important for her promotion. She kept thinking, "If I _____ the concert, I would have been promoted already".

(a) will not watch
(b) had not watched
(c) would not have watched
(d) was not watching

21 Dr. Smoliga, _____, had been working on a analysis of the maximum number of hot dogs that a human could theoretically consume in 10 minutes for the past few months.

(a) who is a veterinarian and exercise scientist
(b) that is a veterinarian and exercise scientist
(c) whom is a veterinarian and exercise scientist
(d) what is a veterinarian and exercise scientist

22 Nate was instructed _____ overnight and only allowed to drink water. If he had not been fasting or if he had experienced any illness, a new test day was scheduled for him.

(a) to fast
(b) fasting
(c) having fasting
(d) had fasted

23 The researchers found that as sounds comes from higher locations, the neurons are less likely to respond. When participants began _____ the ear molds, their auditory neurons were firing in a far more disorganized manner.

(a) to have worn
(b) wears
(c) wearing
(d) having worn

24 If you are studying subjects such as maths and science and economics and enjoy the content and show the capability _____ more, you are displaying the skills for potential employment.

(a) learning
(b) to learn
(c) to have learnt
(d) are learning

25 Due to the inclement weather, the company outing was canceled. Instead, all the members of the staff came to work as usual. While we _____, we couldn't focus on the work due to the canceled outing.

(a) were working
(b) will work
(c) are working
(d) worked

26 All climbers seeking a permit for Everest _____ have prior high altitude mountaineering experience and demonstrable training, a high-level commission for the Nepalese government has ruled.

(a) must
(b) may
(c) will
(d) might

실전모의고사 2회

01 It is fairly commonplace for children to dread _____ back to school after spending the weekend with their families, but my daughter Lily loves going back to school to play with her friends.

(a) having gone
(b) to have gone
(c) to go
(d) going

02 Although our company encountered the financial crisis recently, the team manager wants to release a new product on the market. That's why starting next week, we _____ on an online promotion of the product.

(a) have focused
(b) will be focusing
(c) will have focused
(d) is focusing

03 Chewing gum has been banned in Singapore under the Regulation of Imports and Exports since 1992. However, If people need to chew it for medical purpose, they _____ purchase it from the pharmacy.

(a) shall
(b) must
(c) could
(d) will

04 My boyfriend had bought me a special plant when we first met. He named this special plant Joy because he wanted me to be happy whenever I water it. By tomorrow, this plant _____ for more than 10 months.

(a) is growing
(b) was grown
(c) will have been growing
(d) had been growing

05 Visitors who visit Green's kitchen are entitled to request that people _____ their children, so when my family arrived, we had to go to another restaurant instead.

(a) will not bring
(b) not brought
(c) not bringing
(d) not bring

06 Most social issues _____ if people had more money and practical advice. The existing benefits system is inefficient, which is why lots of workers do not claim the benefits to which they are legally entitled.

(a) could have been prevented
(b) could be prevented
(c) prevented
(d) had been preventing

07 Last year, I joined an environmental group called 'Go-Green'. Since then, I have been participating in the environmental protection campaign once a month. Right now, I _____ a recyclable waste in the city center.

(a) having collected
(b) will be collecting
(c) collects
(d) am collecting

08 Four days a week, my running group shows up at my door and knocks until I wake up before dawn to take me on a seven-mile run. If I didn't get up to run, I _____ no reason to get out of bed and start a fruitful day.

(a) would have
(b) would have had
(c) having had
(d) has

09 These days, fake news is widely known in the internet, so it is difficult for people to distiguish if information is true or not. Therefore, one _____ only read news from sources that is reliable.

(a) should
(b) can
(c) might
(d) will

10 Yesterday was Ray's birthday and his family invited his friends to celebrate. That day, his parents gave him the present which he _____ for a long time. It was a Persian cat with long white fur.

(a) longed
(b) will be longing
(c) had been longing
(d) was longing

11 Global events are being canceled or postponed because of the COVID-19, which suggests that students _____ the school. Instead, they should study at home and take on-line classes.

(a) not attend
(b) not attended
(c) will not attend
(d) not be attending

12 Last week, I led a seminar for graduate students on how to give speeches successfully in front of hundreds of people. During the seminar, some of them asked lots of questions while I _____ how to captivate the audience into a speech.

(a) had explained
(b) was explaining
(c) will be explaining
(d) has been explaining

13 Last week, Samantha made a big mistake on a financial report _____. If she had checked once again, she would have been promoted already.

(a) which it led her in trouble
(b) that led her in trouble
(c) whose led her in trouble
(d) what led her in trouble

14 Jen's Kitchen opened its first restaurant in California in 2005 and _____ successfully since then. Presently, it is the most famous restaurant in the city. Furthermore, it has been developing new recipes which attract lots of customers.

(a) being operated
(b) had operated
(c) has been operating
(d) was operating

15 Professor Lee told me that if I studied hard and chased my dreams continuously then maybe someday I _____ able to do whatever I wanted for sure. Thanks to his advice, I am currently trying my best to get a good grade.

(a) would be
(b) would have been
(c) will be
(d) is being

16 Roger Bannister, a famous athlete, said that he had failed the Olympic in 1952, came in fourth in the 1,500 meters. If he had gotten a gold medal, he probably _____ .

(a) would retire
(b) retired
(c) will be retire
(d) would have retired

17 Imagine that you could write checks which were approved as payment but never cashed. Had you been granted that ability, you _____ hard to keep that ability forever.

(a) might tried
(b) had been trying
(c) might have tried
(d) will be trying

18 To catch NEOWISE yourself, look up at the northwest skies about an hour and a half after sunset. Experts suggest _____ to the darkest area you can for best viewing.

(a) to go
(b) to be gone
(c) going
(d) have gone

19 As I've reported in my column, developers have been building technologies for years that will allow _____ with computers using their brains, or controlling or even communicating with others, just by thinking about it.

(a) interacting
(b) having interacted
(c) to interact
(d) interacts

20 Jane and her husband have been volunteering for many years for UNICEF, and a few months ago, they traveled to Haiti _____ more about the recovery efforts since the earthquake in 2010 and the nationwide cholera in 2011.

(a) has learned
(B) to be learned
(c) learning
(d) to learn

21 Ayn Rand had a play produced on Broadway in 1935. After two early novels _____ , she achieved fame with her third novel in 1943, *The Fountainhead*.

(a) what were initially unsuccessful
(b) which they were initially unsuccessful
(c) that were initially unsuccessful
(d) who were initially unsuccessful

22 when I was on my way to the company outing, it started raining cats and dogs. Shortly after, the roads turned muddy and my expensive Prada bag became wet. Had I only looker up today's weather forecast, I _____ it with me.

(a) would not have taken
(b) had not taken
(c) will not be taking
(d) not take

23 Most predators do not have enough speed to run down their prey when they are in long distances. That's why only _____ they get close enough to catch them, they follow their prey carefully and attack.

(a) before
(b) because
(c) when
(d) although

24 The newly revised policy requires that companies _____ internal controls and have them audited. This caused loud complaints from sizable businesses about costs.

(a) reviews
(b) will review
(c) is being reviewed
(d) review

25 Tomorrow, I have an important interview which will be airing. So I asked Carol _____ me some questions she will ask. If I could prepare ahead, I would be less stressed and have more confidence.

(a) is sending
(b) to send
(c) to have sent
(d) sending

26 Australian government plan to kill 2 million feral cats. _____. animal advocates oppose this idea and they promote nonlethal methods of controlling the negative effects.

(a) After all
(b) In fact
(c) However
(d) while

실전모의고사 3회

01 If you are fortunate _____ an interview, it is always worth searching who will be interviewing you. Search the internet to see what you can find out about their career history, areas of expertise and interests.

(a) to secure
(b) securing
(c) to have secured
(d) having secured

02 As the construction work had been finished quite early, local residents _____ questions about the safety on the construction site for months before the accident.

(a) had raised
(b) will be raising
(c) had been raising
(d) was raised

03 We didn't do enough in the first half and the striker kept missing the goal. If it had not been for our goalkeeper, it _____ worse at half time. As a result, our time won after all.

(a) could have been
(b) were
(c) could be
(d) had been

04 Jackson Pollock's extreme abstraction art divided the critics. Some complimented the immediacy of the creation, _____ others derided the randomly painted effects.

(a) when
(b) although
(c) while
(d) because

05 Last night, Trina was in a hurry to finish her research paper before the deadline. However, while she _____ her conclusion, her laptop suddenly shut down without saving, so she had to start all over again.

(a) had been typing
(b) typed
(c) is typing
(d) was typing

06 Students _____ understanding their lessons are encouraged to seek personal tutoring. Aside from giving individual attention, he or she can help encourage a student to ask questions without feeling embarrassed.

(a) who are having a hard time
(b) what are having a hard time
(c) which are having a hard time
(d) whose are having a hard time

07 Exhausted from studying in graduate school, Beth had been looking forward to enjoying the weekend at home with her dog Labbie. She _____ a walk with her dog right now and this is the most relaxing and joyful moment.

(a) is taking
(b) has been taking
(c) was taking
(d) will be taking

08 Last week, Samantha made a big mistake on a financial report which led her into trouble. If she _____ once again, she would have been promoted already.

(a) would have checked
(b) had checked
(c) checked
(d) was checking

09 Jenny tried to explain to her little brother that in order for him to be the top student in his class, he _____ study much more than before. However, he didn't put her advice into practice immediately.

(a) could
(b) might
(c) must
(d) will

10 Nate, who is my best friend, gave me a book *Pride and Prejudice* written in French as a birthday present. I'm so absorbed that I haven't been able to put it down. In fact, I _____ it since last night.

(a) have been reading
(b) reads
(c) am reading
(d) will be reading

11 Mr. Hudson was offered an executive position in a huge construction company, but he turned down the offer for personal reasons. If he _____ the position, he would have received a salary which is two times higher than his current pay.

(a) would have accepted
(b) had accepted
(c) will be accepting
(d) accepts

12 Visitors of our restaurant last week had a stomach ache and we are now taking actions. We politely ask all the affected customers not to take any action and wait for our call as we _____ all affected party this afternoon and compensate for it.

(a) will be contacting
(b) contacted
(c) has contacted
(d) contacts

13 I realized that the world is changing, and it is best that my girls _____ how to protect themselves as they won't know when they might be in a dangerous situation.

(a) is following
(b) follow
(c) follows
(d) will follow

14 Matthew and Olivia had planned to meet in front of the Cathedral of Notre Dame in Paris at noon. However, Mathew didn't show up at the appointed time because he overslept. By the time Matthew arrives, Olivia _____ for more than 4 hours.

(a) has waiting
(b) was waiting
(c) had been waiting
(d) will have been waiting

15 "If the president were sincere in his apology and serious about keeping his promise to the American people, he _____ with Congress on bipartisan proposals," said Fred.

(a) is working
(b) had worked
(c) would work
(d) will be working

16 Dennis, ever since he was young, has dreamed of _____ a writer. He estimates that by the time he finally finishes his novel, he will have been writing fiction for more than twenty years.

(a) to become
(b) becoming
(c) having become
(d) has been becoming

17 The announcement told us to stay still, but the ship was already sinking and there were lots of students who did not get out of the ship. If people _____ _____ into the water, they could have been rescued. But we were told not to go out.

(a) will be jumping
(b) would have jumped
(c) had jumped
(d) would jump

18 The Teacher's role is to mediate expectations while giving a good learning experience. Teachers _____ _____ make sure that the existing anxiety towards certain subject is correctly focused to support rather than hinder learning.

(a) may
(b) can
(c) must
(d) would

19 Tomorrow, I have an important interview which will be airing. So I asked Carol to send me some questions she will ask. If I could prepare ahead, I _____ less stressed and have more confidence.

(a) would be
(b) will be
(c) would have been
(d) had been

20 I think the thing _____ is seizing those moments when I'm well and trying to make the most of them Whether it's writing a column or traveling to host a young adults cancer symposium.

(a) which helps me the most
(b) when it helps me the most
(c) whose helps me the most
(d) that helps me the most

21 This is a first step and much work remains to be done in order to seal a final international climate deal that is fair and ambitious. It is imperative that negotiations _____ as soon as possible.

(a) is resuming
(b) resume
(c) will be resuming
(d) has resumed

22 Eddie is an Asian American and president of the student council. He requested that the pilot program _____ _____ place at his school, where a large majority of the students are Asian immigrants.

(a) take
(b) is taking
(c) took
(d) had been taking

23 Nate was instructed _____ overnight and only allowed to drink water. If he had not been fasting or if he had experienced any illness, a new test day was scheduled for him.

(a) to fast
(b) fasting
(c) having fasting
(d) had fasted

24 Recently, one of the increasing challenges for companies intending to expand their market abroad is their obligation to prevent _____ conflict in global markets.

(a) causing
(b) to cause
(c) having caused
(d) is causing

25 Matthew is driving to L.A. this weekend to see his grandfather. He always enjoys _____ his grandparents and relatives. Whenever he visits there, grandparents always give him presents.

(a) visit
(b) to visit
(c) visiting
(d) visited

26 When Anka wasn't making hit songs, she became successful when acting in movies. _____, it is music where She made her mark. *Anka's Diana, Lonely Boy and You're Having My Baby* were all number-one songs on U.S. charts.

(a) However
(b) In fact
(c) As a result
(d) Besides

MEMO

G-TELP Level **2**

G-TELP Level 2
문법 **32**점

정답 및 해설

▸**01** Should 생략
▸**02** 가정법
▸**03** 진행시제
▸**04** 관계사7스킬
▸**05** 준동사
▸ACTUAL TEST 01
▸ACTUAL TEST 02
▸ACTUAL TEST 03

01 Should 생략

> 매회 **3**문제 출제

연습문제 Should 생략 동사편
▶ 22page

문제풀이 요령
(1) 빈칸 주변을 확인 → (2) 아씨또(ARSCIDOUP) 동사 뒤에 'that + 주어 + _____'의 구조일 경우 동사원형을 정답으로 선택한다

01 (b)　**02** (c)　**03** (c)　**04** (b)

01　　　　　　　　　　　　　　(b) present

[해석] Jonathan은 레이가 그녀를 위로하기 위해 꽃을 선물해야 한다고 간청했다.
[해설] 'pleaded' 뒤 that절의 주어가 '~해야 한다고 간청하다'라는 의미로 해석되면 should가 생략되어 주어 다음 빈칸은 동사 원형이 정답이 된다.
[어휘] plead 간청하다　present 제시하다

02　　　　　　　　　　　　(c) not be sold

[해석] 그들은 그들의 제품이 기계적인 문제 때문에 제품을 팔지 말라고 요청했다.
[해설] 'requested' 뒤 that절의 주어가 '~해야 한다고 간청하다'라는 의미로 해석되면 should가 생략되어 주어 다음 빈칸은 동사 원형이 정답이 된다. 부정문의 원형은 not + 동사 원형의 구조이며 수동태의 원형은 'be + p.p'의 형태이다.
[어휘] request 요청하다　mechanical 기계적인

03　　　　　　　　　　　　　(c) celebrate

[해석] 패트릭은 우리가 친구의 승진을 축하해야 한다고 부탁했다.
[해설] 'asked' 뒤 that절의 주어가 '~해야 한다고 간청하다'라는 의미로 해석되면 should가 생략되어 주어 다음 빈칸은 동사 원형이 정답이 된다.
[어휘] promotion 승진

04　　　　　　　　　　　　　(b) be upgraded

[해석] 건강부서는 안전 기준이 개선되어야 한다고 주장했다.
[해설] 'demand' 뒤 that절의 주어가 '~해야 한다고 간청하다'라는 의미로 해석되면 should가 생략되어 주어 다음 빈칸은 동사 원형이 정답이 된다. 수동태의 동사원형은 'be + p.p' 형태를 고르면 된다.
[어휘] demand 요구하다, 주장하다　safety 안전　standard 규정, 기준

연습문제 Should 생략 형용사편
▶ 23page

문제풀이 요령
(1) 빈칸 주변을 확인 → (2) 씨벤(CIVBEN) 형용사 뒤에 'that + 주어 + _____'의 구조일 경우 동사원형을 정답으로 선택한다

01 (c)　**02** (d)　**03** (b)

01　　　　　　　　　　　　　　　(b) work

[해석] 그녀가 승진하기 위해 열심히 일해야 하는 것은 중요하다.
[해설] 'It is crucial' 뒤 that절의 주어가 '~해야 하는 것은 중요하다'라는 의미로 해석되면 조동사 should가 생략되어 주어 다음에 오는 빈칸은 동사 원형이 정답이 된다.
[어휘] crucial 중요한　get promoted 승진되다

02　　　　　　　　　　　　　　(d) attend

[해석] 친척들이 졸업식에 참석해야 한다는 것은 관습적이다.
[해설] 'It is customary' 뒤 that절의 주어가 '~해야 하는 것은 관습적이다'라는 의미로 해석되면 조동사 should가 생략되어 주어 다음에 오는 빈칸은 동사 원형이 정답이 된다.
[어휘] customary 관습적인　relatives 친척　commencement ceremony 졸업식

03 (b) talk

해석 친구에게 터놓고 솔직하게 이야기해야 한다는 것은 필수적이다.

해설 'It is essential' 뒤 that절의 주어가 '~해야 하는 것은 필수적이다'라는 의미로 해석되면 조동사 should가 생략되어 주어 다음에 오는 빈칸은 동사 원형이 정답이 된다.

어휘 essential 필수적인 openly 터놓고, 솔직히
honestly 솔직히

1초 만에 단서 찾기 실전 문제 ▶24page

01 (a) **02** (a)

01 (a) be effectively managed

해석 소비자의 요구를 충족시켜야 하는 조직의 의무는 때때로 문제에 대한 지연된 대응으로 인해 야기되는 환경적 부정적 영향을 발생시킨다. 따라서 조직과 환경 간의 이러한 관계를 효과적으로 관리할 필요가 있다.

해설 'necessary' 뒤 that절의 주어가 '~ 해야 한다고 요구하다'라는 의미로 해석되면 조동사 should가 생략되어 주어 다음에 오는 빈칸은 동사 원형이 정답이 된다. 수동태의 원형은 'be+p.p'의 형태가 정답이다.

어휘 demand 요구하다 post 게시하다

02 (a) teach

해석 캘리포니아에 있는 대부분의 대학들은 "teaching machine"이라고 불리는 더 많은 임시 교수진을 고용하고, 그들에게 더 많은 수업을 가르치고 더 적은 임금을 지불한다. 학교측에서는 1학년 대학원생들이 대학생 학부 과정을 가르칠 것을 제안한다.

해설 'suggest' 뒤 that절의 주어가 '~해야 한다고 제안하다'라는 의미로 해석되면 조동사 should가 생략되어 주어 다음에 오는 빈칸은 동사 원형이 정답이 된다.

어휘 temporary 일시적인 faculty 교수진
refer to ~에 언급하다 undergraduate 대학생

Should 생략 실전 적용 문제 ▶25page

01 (b) **02** (b) **03** (c) **04** (a) **05** (d) **06** (d)
07 (a) **08** (d) **09** (a) **10** (b) **11** (b) **12** (a)

문제풀이 요령 [아씨또 동사]
(1) 빈칸 주변을 확인→(2) 아씨또(ARSCIDOUP) 동사 뒤에 'that + 주어 + _____'의 구조일 경우 동사원형을 정답으로 선택한다

문제풀이 요령 [씨벤 형용사]
(1) 빈칸 주변을 확인→(2) 씨벤(CIVBEN) 형용사 뒤에 'that + 주어 + _____'의 구조일 경우 동사원형을 정답으로 선택한다

01 (b) try

해석 Jan은 작년보다 더 많은 고객을 확보하고 회사를 수익성 있게 만들기 위해 JN 회사의 최고 경영자 자리를 제안받았다. 그러므로, 그녀가 이 기회를 이용하기 위해 최선을 다하는 것이 중요하다.

해설 'crucial' 뒤 that절의 주어가 '~해야 한다고 명령하다'라는 의미로 해석되면 조동사 should가 생략되어 주어 다음에 오는 빈칸은 동사 원형이 정답이 된다.

어휘 offer 제공하다 position 자리
chief manager 관리책임자 on terms ~의 조건으로
profitable 수익성이 있는 opportunity 기회

02 (b) not work

해석 Nate는 Ray가 합의서에 사인한 날로부터 7년간 다른 경쟁사와 일하면 안 된다고 규정하고 있는 비밀준수 약정서에 사인해야 한다고 요청했다.

해설 'stipulating' 뒤에 that절이 오며 'that절의 주어가 '~해야 한다고 규정하다'라는 의미로 해석되면 조동사 'should'가 생략되어 주어 다음에 오는 빈칸은 동사 원형이 정답이 된다.

어휘 confidentiality agreement 비밀준수약정서
stipulate 규정하다 rival company 경쟁사

03 (c) be upgraded

해석 정부는 엉망으로 관리된 노후학교들의 안전 기준이 개선되어야 한다고 주장했다. 이는 비효율적인 기존 시스템을 변화시킬 것이다.

해설 'demanded' 뒤에 that절이 오며 'that절의 주어가 ~해야 한다고 요구하다'라는 의미로 해석되면 조동사 'should'가 생략되어 주어 다음에 오는 빈칸은 동사 원형이 정답이 된다.

어휘 safety standard 안전 기준 poorly 엉망으로, 저조하게 maintained 관리된 aging schools 노후학교들 prior 기존의 inefficient 비효율적인

04 (a) not attend

해석 국제 행사들이 코로나-19 때문에 취소 혹은 연기되는 중이며 이러한 상황은 학생들이 학교에 가면 안 된다고 제안한다. 그 대신, 학생들은 집에 머무르며 온라인 수업을 받아야 한다.

해설 'suggests' 뒤 that절의 주어가 '~해야 한다고 요구하다'라는 의미로 해석되면 should가 생략되어 주어 다음에 오는 빈칸은 동사 원형이 정답이 되며 부정형의 동사원형은 'not + 동사원형'이 정답이다.

어휘 postpone 연기하다, 미루다

05 (d) not bring

해석 Green's kitchen을 방문한 손님들은 아이들을 데려오면 안 된다는 요청을 받아서 가족들이 도착했을 때, 우리는 다른 레스토랑에 가야만 했다.

해설 'request' 뒤 that절의 주어가 '~해야 한다고 요청하다'라는 의미로 해석되면 should가 생략되어 주어 다음에 오는 빈칸은 동사 원형이 정답이 되며 부정형의 동사원형은 'not + 동사원형'이 정답이다.

어휘 be entitled to + V ~할 자격이 있다 had to + V ~ 해야했다

06 (d) review

해석 새로 개정된 정책은 기업이 내부 통제를 검토하고 감사를 받도록 하고 있다. 이것은 비용에 대해 거대 규모의 사업체로부터 큰 불만을 야기했다.

해설 'requiring' 뒤 that절의 주어가 '~해야 한다고 요청하다'라는 의미로 해석되면 should가 생략되어 주어 다음에 오는 빈칸은 동사 원형이 정답이 된다.

어휘 require 요구하다 internal controls 내부통제 complaint 불평 sizable 규모가 큰

07 (a) be revised

해석 ACL 건설회사는 정부가 배정하는 새로운 건축 프로젝트에 착수했다. 건축가들은 초안을 완성한 뒤 계산 착오로 도면을 수정하자고 제안했다.

해설 'proposed' 뒤 that절의 주어가 '~해야 한다고 요청하다'라는 의미로 해석되면 should가 생략되어 주어 다음에 오는 빈칸은 동사 원형이 정답이 된다.

어휘 architecture 건축 undertake (책임을) 맡다 complete 완성하다 draft 초안 architect 건축가 floor plan 평면도 miscalculation 계산착오

08 (d) buy

해석 Danny는 회사 임원이 된 이후로 여자친구 제인과 데이트할 시간이 별로 없다. 그는 바쁜 스케줄 때문에 제인의 생일 선물을 사지 못했다. 실망한 제인은 그녀를 위로하기 위해 그녀의 PRADA 가방을 사달라고 애원했다.

해설 'pleaded' 뒤 that절의 주어가 '~해야 한다고 요청하다'라는 의미로 해석되면 should가 생략되어 주어 다음에 오는 빈칸은 동사 원형이 정답이 된다.

어휘 executive 이사 frustrated 좌절감을 느끼는 console 위로하다

09   (a) turn off

해석 극장에서 영화를 보는 사람들은 예의범절을 잘 지켜야 한다. 휴대폰은 꺼놓고 영화 중에는 잡음 때문에 방해받을 수 있으니 잡담은 하지 않는 것이 바람직하다.

해설 'advisable' 뒤 that절의 주어가 '~해야 한다고 요청하다'라는 의미로 해석되면 should가 생략되어 주어 다음에 오는 빈칸은 동사 원형이 정답이 된다.

어휘 well-mannered 예의가 바른   advisable 바람직한   chat 잡담하다   interrupt 방해하다

10   (b) follow

해석 나는 세상이 변하고 있다는 것을 깨달았고, 언제 위험한 상황에 처할지 모르는 내 딸들이 자신을 보호하는 방법을 따르는 것이 최선이라는 것을 깨달았다.

해설 'best' 뒤 that절의 주어가 '~해야 한다고 요구하다'라는 의미로 해석되면 should가 생략되어 주어 다음에 오는 빈칸은 동사 원형이 정답이 된다. 수동의 원형은 'be + p.p'이다.

어휘 realize 깨닫다   change 변화하다   protect 보호하다   dangerous 위험한   situation 상황

11   (b) resume

해석 첫 단계이며 공정하고 야심찬 최종 국제 기후 협정을 체결하기 위해 해야 할 많은 일이 여전히 남아있다. 조속히 협상을 재개하는 것은 필수적이다..

해설 'imperative' 뒤 that절의 주어가 '~해야 한다고 요구하다'라는 의미로 해석되면 should가 생략되어 주어 다음에 오는 빈칸은 동사 원형이 정답이 된다. 부정문의 원형은 'not + 동사원형'이다.

어휘 remain 남아있는   in order to ~하기 위해   seal 밀봉하다, 채결하다   imperative 필수적인   negotiations 협상

12   (a) take

해석 Eddie는 아시아계 미국인이고 학생회의 회장이다. 그는 이 시범 프로그램이 대다수의 학생들이 아시아계 이민자인 그의 학교에서 이루어지길 요청했다.

해설 'requested' 뒤 that절의 주어가 '~해야 한다고 요구하다'라는 의미로 해석되면 should가 생략되어 주어 다음에 오는 빈칸은 동사 원형이 정답이 된다. be동사의 원형은 be가 정답이다.

어휘 council 의회   request 요청하다   pilot program 시범 프로그램   majority 대다수   immigrant 이민자

02 가정법

가정법 과거 공식
If + 주어 + 과거동사, 주어 + would + 동사원형
　　　　　　　　　　　　　　　could
　　　　　　　　　　　　　　　might

가정법 과거 1초 만에 단서 찾기 ▶31page
01 (d) **02** (b) **03** (a) **04** (a) **05** (a) **06** (b)

01 (d) would get

[해석] 정부가 기업과 경쟁하고 있다면 금리는 상승세일 것이다. 또한, 고용주들이 신규 채용에 대해 불확실하다면, 그들은 현 직원들의 시간을 늘려서 일을 할 것이다.

[해설] If절의 동사가 과거동사(were competeing)이기 때문에 주절의 동사는 'would, could, might + 동사원형'이 정답이다.

[어휘] **compete with** ~와 경쟁하다 **interest rates** 금리 **uncertain** 불확실한 **new hires** 신규 채용 **current** 현재

02 (b) would have

[해석] 오늘날, 많은 불법 이민자들은 그들에게 주어진 임금이 무엇이든 받아들인다. 해결책은 이주민의 이동성과 노동자의 권리를 새롭게 강조하는 데 있다. 이주민들이 직업 사이를 이동할 수 있다면, 그들은 폭력적인 고용주들을 자유롭게 노출시킬 수 있을 것이다.

[해설] If절의 동사가 과거(could+V)이기 때문에 주절의 동사는 'would, could, might + 동사원형'이 정답이다.

[어휘] **undocumented immigrants** 불법 이민자 **wage** 임금 **solution** 해결책 **mobility** 이동성 **migrant** 이주자 **emphasis** 강조 **right** 권리 **expose** 노출하다 **abusive** 폭력적인

03 (a) would deal

[해석] 부모들은 아주 어린 나이에 자신감을 심어주는 것이 중요하다. 아이들은 그들 자신이 행복하다면 이후에 그들의 인생에서 직면하게 되는 문제들을 더 잘 다룰 것이다.

[해설] If절의 동사가 과거동사(were)이기 때문에 주절의 동사는 'would, could, might + 동사원형'이 정답이다.

[어휘] **instill** 주입하다 **confidence** 자신감 **deal with** ~을 다루다 **encounter** 마주하다, 직면하다

04 (a) would have

[해석] 일주일에 4일, 내가 속한 달리기 그룹은 나를 7마일 달리기에 데려가기 위해 동이 트기 전에 내 문 앞에 나타나서 일어날 때까지 문을 두드린다. 만약 내가 뛰려고 일어나지 않는다면, 나는 침대에서 일어나 보람찬 하루를 시작할 이유가 없을 것이다.

[해설] If절의 동사가 과거동사(didn't V)이기 때문에 주절의 동사는 'would, could, might + 동사원형'이 정답이다.

[어휘] **show up** 나타나다 **fruitful** 보람찬

05 (a) would be

[해석] 이 교수님께서는 열심히 공부해서 끝없이 꿈을 좇아간다면 언젠가는 꼭 하고 싶은 대로 다 할 수 있을 것이라고 나에게 말했다. 그의 조언 덕분에 현재 나는 좋은 성적을 얻기 위해 최선을 다하는 중이다.

[해설] If절의 동사가 과거동사(studied, chased)이기 때문에 주절의 동사는 'would, could, might + 동사원형'이 정답이다.

[어휘] **chase** 좇아가다 **endlessly** 끝없이 **for sure** 확실히 **advice** 조언

06   (b) could be prevented

해석 사람들이 더 많은 돈과 조언을 얻는다면 대부분의 사회적 이슈는 예방될 수 있을 것이다. 기존의 복리후생제도가 비효율적이기 때문에 많은 근로자들이 자신이 받을 수 있는 복리후생비를 청구하지 않는다.

해설 If절의 동사가 과거동사(had)이기 때문에 주절의 동사는 'would, could, might + 동사원형'이 정답이다. 단, had자체가 과거동사로 쓰였기 때문에 과거완료 'had+p.p'와 헷갈리지 않게 연습해야 한다.

어휘 social issue 사회적 문제   prevent 예방하다, 막다
practical 실질적인   advice 조언   existing 존재하는
benefits system 복리후생제도   inefficient 비효율적인
claim 주장하다, 요청하다   legally 법적으로
entitled 자격있는

가정법 과거완료 공식

If + 주어 + had+p.p, 주어 + would + have + p.p
                                           could
                                           might

가정법 과거완료 1초만에 단서 찾기   ▶33page

01 (b)   02 (b)   03 (c)   04 (d)   05 (c)   06 (a)

01   (b) would have survived

해석 현재 인도에서 홍역 등 예방 가능한 소아질환으로 사망하는 어린이의 3분의 2가 면역 예방주사에 쉽게 접근할 수 있었다면 생존했을 것이다.

해설 If 절의 동사가 과거완료(had + p.p)이기 때문에 주절의 동사는 'would, could, might + have + p.p'이 정답이다.

어휘 two-thirs 3분의 2   measles 홍역
preventable 예방가능한
childhood disease 소아질환   access 접근
immunization 면역 (접종)

02   (b) had not watched

해석 헬렌은 어젯밤 친구들과 재즈 콘서트에 참석했다. 결과적으로, 그녀는 승진하기 위해 중요했던 회의에 늦었다. 그녀는 계속 "만약 내가 그 콘서트를 보지 않았다면, 나는 이미 승진했을 것"이라고 생각했다.

해설 주절의 동사가 'would have been promoted' 가정법 과거완료의 단서이므로 If절의 동사는 과거완료인 'had not watched'가 정답이 된다.

어휘 attend 참석하다   as a result 결과적으로
report late 지각하다   promotion 승진
already 이미

03   (c) would have saved

해석 존이 그가 번 돈을 전부 아내의 통장에 넣고 돈을 관리해 달라고 했다면, 그들이 오랫동안 갈망해 온 럭셔리한 테슬라를 살 수 있을 만큼 돈을 모았을 것이다.

해설 If절의 동사가 과거완료(had + p.p)이기 때문에 주절의 동사는 'would, could, might + have + p.p'이 정답이다.

어휘 earn 벌다   bank account 은행 계좌
handle (돈을) 관리하다, 다루다
luxurious 럭셔리한, 호화로운   long for 갈망하다

04   (d) would have retired

해석 유명한 운동선수인 Roger Bannister은 그가 1952년에 올림픽에서 실패했고, 1,500미터에서 4위를 차지했다고 말했다. 금메달을 땄다면 은퇴했을 것이다.

해설 If절의 동사가 과거완료(had + p.p)이기 때문에 주절의 동사는 'would, could, might + have + p.p'이 정답이다.

어휘 athlete 운동선수   probably 아마도

05 (c) might have tried

해석 돈으로 지불하는 것이 가능하지만 현금화되지 않은 수표를 작성할 수 있다고 상상해 보라. 만약 당신이 그 능력을 부여받았다면, 당신은 그 능력을 영원히 지키기 위해 열심히 노력했을지도 모른다.

해설 빈칸 주변에 If가 없으며 선택지 2개 이상이 가정법의 형태인경우 (시제와 가정법이 혼동될 때) 빈칸이 포함된 문장에 'had + 주어 + p.p'가 있는지 찾는다. 있는 경우 가정법 과거완료이며 정답은 'would, could, mignt + have + p.p'가 된다. 추가적으로 가정법의 도치 형태는 가정법 과거완료에서만 출제된다.

어휘 imagine 상상하다 check 수표 approve 승인하다 payment 지불 cash 현금화하다 grant 주다 ability 능력

06 (a) would not have taken

해석 회사 나들이 가는 길에 비가 억수같이 쏟아지기 시작했다. 얼마 지나지 않아 도로가 흙바닥이 되었고 나의 비싼 프라다 가방이 젖었다. 오늘 일기예보만 잘 찾아봤다면 가방을 가지고 가지 않았을 것이다.

해설 If절의 동사가 과거완료(had + p.p)이기 때문에 주절의 동사는 'would, could, might + have + p.p'이 정답이다.

어휘 company outing 회사 야유회 rain cats and dogs 비가 엄청나게 쏟아지다 shortly after 직후에 muddy 진흙의 expensive 비싼 weather forecast 날씨예보

가정법 실전 연습문제 ▶35page

| 01 (b) | 02 (c) | 03 (c) | 04 (a) | 05 (a) | 06 (b) |
| 07 (b) | 08 (d) | 09 (d) | 10 (b) | 11 (c) | 12 (c) |

01 (b) had checked

해석 지난 주, 사만다는 재무보고서를 작성할 때 큰 실수를 했으며 이는 그녀를 곤경에 빠뜨렸다. 그녀가 다시 한 번 확인했으면 벌써 승진했을 것이다.

해설 주절의 동사는 'would, could, might + have + p.p'이기 때문에 If절의 동사는 (had + p.p)이 정답이다.

어휘 mistake 실수 financial report 재무보고서 trouble 문제 promote 승진하다

02 (c) would work

해석 프레드는 "대통령이 사과에 진정성을 갖고 미국 국민과의 약속을 지키는 데 진지한 태도를 보인다면 의회와 양당의 제안에 협력할 것"이라고 말했다.

해설 If절의 동사가 과거시제(were)이기 때문에 주절의 동사는 'would, could, might + V'이 정답이다.

어휘 sincere 진심어린 apology 사과 bipartisan 초당적인, 양당의 proposal 제안

03 (c) had jumped

해석 안내방송에서 가만히 있으라고 공지했지만 배는 이미 가라앉는 중이었으며 배에서 나오지 않는 학생들이 많았다. 만약 사람들이 물에 뛰어들었다면, 그들은 구조될 수 있었을 것이다. 그러나 우리는 나가지 말라는 말을 들었다.

해설 주절의 동사는 'would, could, might + have + p.p'이기 때문에 If절의 동사는 (had + p.p)이 정답이다.

어휘 announcement 공지 stay 머무르다 sink 가라앉다 rescue 구조하다

04 (a) would be

해석 내일, 나는 방송에 나가는 인터뷰를 진행하는 중일 것이다. 그래서 Carol에게 물어볼 질문들을 보내달라고 부탁했다. 만약 내가 미리 몇 가지 준비를 할 수 있다면, 나는 스트레스를 덜 받고 더 자신감을 가질 것이다.

해설 If절의 동사는 과거(could+V)시제이므로 주절의 동사는 'would+V'가 정답이 된다.

어휘 interview 인터뷰 air 방송하다, 방영하다
question 질문 prepare 준비하다
confident 자신감있는

05 (a) could have been

해석 우리는 전반전에 충분히 잘 해내지 못했고 공격수는 계속해서 골을 놓쳤다. 우리 골키퍼가 없었다면 하프타임 때 더 성적이 나빴을 수도 있었다. 결과적으로 우리 팀은 결국 승리했다.

해설 If절의 동사는 과거완료(had not been)시제이기 때문에 주절의 동사는 'could+have+p.p'가 정답이다.

어휘 striker 공격수 miss 놓치다 goal 골, 목표
goalkeeper 골키퍼 as a result 결과적으로
win 이기다 after all 결국

06 (b) had accepted

해석 Hudson씨는 규모가 큰 건설회사에서 임원직을 제안받았지만 개인적인 이유로 제안을 거절했다. 만약 그가 그 직책을 수락했다면, 그는 두 배나 더 많은 월급을 받았을 것이다.

해설 주절의 동사는 가정법 과거완료의 형태인 'would + have + p.p'의 형태이므로, If절의 동사는 과거 'had + p.p'가 정답이 된다.

어휘 offer 제안하다, 제공하다 executive position 임원직
construction company 건설회사
turn down 거절하다 reason 사유, 이유
accept 받아들이다 receive 받다 salary 월급

07 (b) would move

해석 대부분의 사람들에게 있어서 일하는 것은 종종 지루하고, 반복적이고, 짜증날 수 있다. 만약 사람들이 집 밖에서 일한다면, 그 세월은 즐거울지도 모른다.

해설 빈칸 주변에 시제의 단서 혹은 가정법의 공식이 보이지 않는 경우 첫 번째로 'had + 주어 + p.p'가 있는지 확인한다. 문두에 Had + 주어 + p.p의 형태가 있으므로 가정법 과거완료의 도치 유형이므로 "would / could / might + have + p.p"가 정답이 된다.

어휘 boring 지루한 repetitious 반복적인
annoying 짜증나는 pleasant 유쾌한

08 (d) couldn't do

해석 나는 보통 나를 도와줄 약국 기술자가 두 명 이상 있는데, 한 명이라도 없다면 정신없이 바빠질 수 있다. 모든 훌륭한 약사 뒤에는 훌륭한 기술자가 있다. 그들이 없다면, 나는 내 일을 할 수 없을 것이다.

해설 'If not for'의 독특한 형태는 지텔프 417회에 출제되었으며 미래진행시제와 가정법 과거완료 선택지를 놓고 고민하게 되는 유형의 문제였다. 'If not for'의 형태는 가정법의 유형임을 기억한다면, 선택지에서 주절 동사의 형태 'would / could / might + V' 혹은 'would / could / might + have + p.p' 중 선택지에 있는 하나의 형태를 선택하면 된다.

어휘 pharmacy 약국 technician 기술자
available 이용 가능한 hectic 정신없이 바쁜
pharmacist 약사

09 (d) might be

해석 추가적으로, 법원은 인턴을 규정 내에 포함할 경우 인턴십 기회가 줄어들 수 있으며, 규정에 대한 변경은 입법부에 의해 이루어져야 한다는 주장을 받아들였다.

해설 If절의 동사는 과거동사(were)이므로 주절의 동사는 'couldn't do'가 된다.

어휘 additionally 추가적으로 the Court 법정
accept 받아들이다 argument 논쟁, 주장
opportunity 기회 reduce 줄이다 include 포함하다
statute 규정 change 변화 legislature 입법부

10　　　　　　　　　　　　　(b) would definitely work

해석 Irene에게 있어서 계약 조건이 좋지 않았기 때문에, 그녀는 JN회사와의 거래를 거절하였다. 만약 계약조건이 조금 더 유리하다면, 그녀는 회사랑 일할 것이다.

해설 If절의 동사는 'had + p.p'이므로 주절의 동사는 'would+have+p.p'가 된다.

어휘 **turn down** 거절하다　**advantageous** 유리한
transaction 거래　**contract** 계약
beneficial 유리한, 이득인

11　　　　　　　　　　　　　(c) could have had

해석 그가 체스 실력을 발휘하지 않았더라면 이 그는 자신감이 낮았을 것이다. 대신에, 이 경험은 그를 성공적인 대학 생활을 하도록 이끌었다.

해설 If절의 동사는 과거완료'had + p.p'시제이기 때문에 주절의 동사는 'would / could / might + have + p.p'의 형태가 정답이 된다.

어휘 **exhibit** 보여주다, 전시하다　**talent** 재능
confidence 자신감　**instead** 대신에
catapult 데려가다 가져가다　**successful** 성공적인
college 대학　**career** 경력

12　　　　　　　　　　　　　(c) might be

해석 삼성의 프린터는 염색분해 기술 덕분에 내수성이 있었고, 크기는 가정용으로 적합하다. 기술적 어려움이 없었다면 프린터가 더 경쟁력이 있을 것이다.

해설 If절의 동사는 과거동사(were)이므로 주절의 동사는 'might be'가 된다.

어휘 **missing** 잃어버린　**neighborhood** 근처, 인근, 이웃
fear 두려워하다　**victim** 희생양, 희생자
responsible 책임이 있는　**authorities** 당국
immediately 즉시

03 진행시제

현재진행시제

현재진행시제 1초만에 단서 찾기 ▶39page

01 (c) 02 (d) 03 (c) 04 (b) 05 (a) 06 (b)

01 (c) is having

해석 나의 가장 친한 친구들 중 한명인 Dorothy는 지난달에 그녀의 꿈의 직장에 지원했다. 지금 이 순간, 그녀는 관리책임자와 인터뷰하는 중이다.

해설 빈칸이 포함된 문장에 현재진행의 단서인 'as of this moment'가 있기 때문에 현재진행시제를 정답으로 선택한다. 빈칸이 포함된 문장에 시제의 단서가 없는 경우만 주변 문맥을 확인하면 된다.

어휘 apply for ~에 지원하다
dream company 꿈의 직장
as of this moment 지금 이 순간   interview 인터뷰
manager 책임관리자

02 (d) are doing

해석 작년에, 나는 "Go-Green"이라는 환경 단체에 가입했다. 그때 이후로, 나는 한달에 한번 씩 환경보호 캠페인에 참여한다. 지금, 나는 도시 중심가에 있는 재활용 쓰레기를 줍고 있다.

해설 빈칸이 포함된 문장에 현재진행의 단서인 'Right now'가 있기 때문에 현재진행시제를 정답으로 선택한다. 빈칸이 포함된 문장에 시제의 단서가 없는 경우만 주변 문맥을 확인하면 된다.

어휘 environmental group 환경보호 단체
participate 참여하다
recyclable waste 재활용 쓰레기
collect 수집하다, 모으다

03 (c) is working

해석 Clara는 살을 빼고 싶어 해왔기 때문에 남자친구에게 도와달라고 요청했다. 그래서 그녀는 지금 그와 조깅하는 중이다. 운동을 끝낼 즈음이면 거의 2시간 동안 조깅을 해오던 중일 것이다.

해설 빈칸이 포함된 문장에 현재진행의 단서가 없으면 먼저 선택지를 본다. 선택지에 공통적으로 현재진행시제의 단서인 "now"가 존재하므로 정답은 현재진행시제가 된다.

어휘 stay fit 건강하게 유지하다

04 (b) is currently searching

해석 Mr. Johathan은 어제 교통사고로 심하게 다쳤다. 그래서, 몇 주 동안 걸을 수가 없었다. 이러한 이유로, 그의 상사는 현재 그의 대체자를 찾는 중이다.

해설 선택지에 현재의 단서를 알려주는 'currently'가 포함되어있기 때문에 정답은 현재진행형이 된다.

어휘 seriously 심각하게
injure 상처입히다 (be injured 상처를 입다)
accident 사고   supervisor 상사
search for ~를 찾다
replacement 대체자

05 (a) is taking

해석 Beth는 대학원 공부에 지쳤기 때문에 주말 동안 집에서 반려견 래비와 저녁을 즐기는 것을 기대해 오던 중이었다. 그녀는 지금 그녀의 반려견 래비와 산책하는 중이며 지금 이 순간이 가장 즐거운 시간이다.

해설 빈칸이 포함된 문장에 현재진행의 단서인 'Right now'가 있기 때문에 현재진행을 정답으로 선택한다. 빈칸이 포함된 문장에 시제의 단서가 없는 경우만 주변 문맥을 확인하면 된다.

어휘 exhausted 기진맥진한, 지친
graduate school 대학원
look forward to 기대하다, 고대하다
relax 쉬다

06 (b) are having

해석 학습 내용을 이해하는 데 어려움을 겪는 학생들은 개인 교습을 받는 것이 장려된다. 개인적인 관심을 주는 것 외에도, 과외 선생님은 학생이 당혹스러움을 느끼지 않고 질문하는 것을 돕는다.

해설 빈칸이 포함된 문장에 현재진행의 단서가 없으면 주변 문맥을 확인한다. 같은 문장에 현재시제(are encouraged)이기 때문에 시제일치 해준다.

어휘 lesson 학습 내용　encourage 장려하다, 격려하다
tutoring 개인 교습　individual 개인적인
attention 주의, 관심　embarrassed 당혹스러운

03 (a) were working

해석 날씨가 좋지 않아서 회사 야유회가 취소되었다. 그 대신, 모든 직원은 평소대로 출근했다. 우리가 일하는 동안에 취소된 야유회 때문인지 일에 집중할 수 없었다.

해설 빈칸은 while절의 동사 자리이므로 진행시제 유형이다. while절 뒤 문장의 동사(couldn't focus)는 과거형 태이므로, 과거진행으로 시제를 일치시켜준다.

어휘 inclement weather 좋지않은 날씨
outing 소풍, 야유회　instead 대신에
as usual 평소대로　focus on ~에 집중하다
due to ~ 때문에　cancel 취소하다

과거진행시제

과거진행시제 1초만에 단서 찾기   ▶ 41page

01 (b)　**02** (b)　**03** (a)　**04** (b)　**05** (c)　**06** (d)

01 (b) was just lying

해석 나는 룸메이트에게 그녀가 청소할 차례이기 때문에 주방을 청소하라고 요청했다. 하지만, 내가 도착했을 때, 그녀는 소파에 누워서 텔레비전을 보는 중이었고 아무것도 하지 않았다. 이는 나를 너무 화나게 만들었다.

해설 When절의 동사(arrived)는 과거형태이므로, 과거진행으로 시제를 일치시켜준다.

어휘 flatmate 룸메이트　turn 차례　at all 전혀
furious 격노하는, 화난

04 (b) was explaining

해석 지난주, 나는 대학원생들을 대상으로 수백명 앞에서 떨지 않고 성공적으로 연설하는 방법에 대한 세미나를 진행하였다. 세미나를 진행하는 동안, 대학원생 중 몇 명이 연설에 빠져들게 만드는 방법을 설명하는 동안 많은 질문을 하는 중이었다.

해설 빈칸은 동사 자리이므로 진행시제 유형이다. while 절의 빈칸은 동사자리이므로 주절의 과거동사(asked)와 시제를 일치하여 과거진행이 정답이 된다.

어휘 lead 이끌다　seminar 세미나
graduate student 대학원생　speech 연설
successfully 성공적으로　catch up 이목을 끌다
audience 관중

02 (b) was cleaning

해석 나는 10년 전에 잃어버렸던 오래된 사진들을 청소를 하는 중에 발견했다. 그 사진들은 종종 꿈에 등장하는 전 남자친구랑 찍었던 사진들이다.

해설 빈칸은 while절의 동사 자리이므로 진행시제 유형이다. while절 앞 문장의 동사(found)는 과거형태이므로, 과거진행으로 시제를 일치시켜준다.

어휘 decade 10년　appear 등장하다

05 (c) was talking

해석 어젯밤, Ray는 여자친구와 밤을 새며 전화를 하는 중이었다. 결과적으로, 그는 레포트를 마무리하지 못하였고 시험에 늦기까지 했다. 이 교수님이 그가 시험을 볼 수 없으며 점수도 좋지 않을 것이라고 말하였다.

해설 "Last night"는 과거진행시제의 단서이다. 따라서 과거진행이 정답이 된다.

어휘 stay up all night 밤을 새다　as a result 결과적으로
report 리포트, 과제

06 (d) was sleeping

해석 호텔 직원이 와서 문을 두드렸을 때, Lucy는 그녀의 아기를 방금 막 재웠다. 그녀는 조용히 문을 열었고 아기가 자는 중이었기 때문에 조금 더 조용히 해달라고 부탁했다.

해설 빈칸 주변에 확실한 시제의 단서가 없다. 단서가 없는 경우에는 먼저 선택지에서 진행시제가 아닌 것을 소거한다. (a)와 (c)를 소거하니 미래진행과 과거진행중에 정답이 된다. 주변 문맥의 시제를 일치해주면 과거진행이 된다.

어휘 knock 문을 두드리다 request 요청하다
quiet 조용한 deeply 깊이

미래진행시제

미래진행시제 1초만에 단서 찾기   ▶43page

01 (d) 02 (b) 03 (c) 04 (c) 05 (a) 06 (b)

01 (d) will be attending

해석 내일 우리 학교 모든 학생들이 youth festival에 참석하는 중일 것이다. 이 행사에 참여하기 위해서, 학생들은 오늘까지 이 양식을 담당 선생님께 제출해야 한다. 그렇지 않으면, 특별 쿠폰을 받지 못한다.

해설 빈칸이 포함된 문장에 미래시제의 단서인 'tomorrow'가 있기 때문에 미래진행이 정답이 된다.

어휘 attend 참석하다 participate 참석하다
submit 제출하다 form 양식 in charge 책임의
otherwise 그렇지 않으면

02 (b) will be focusing

해석 우리 회사가 최근에 경제적으로 위기를 맞이하였음에도 불구하고 팀 매니저는 시장에 새 제품을 출시하려고 한다. 그래서 우리는 다음주 부터 시작하여, 제품의 온라인 프로모션(홍보)에 집중하는 중일 것이다.

해설 빈칸이 포함된 문장에 미래시제의 단서인 'starting next week'가 있기 때문에 미래진행이 정답이 된다.

어휘 Although 비록 ~에도 불구하고
encounter 직면하다 financial crisis 경제 위기
recently 최근에 release 출시하다 promotion 홍보

03 (c) will be taking

해석 내 룸메이트 Joy는 어제 비에 흠뻑 젖어서 감기에 걸렸다. 그래서 오늘 아침 병원에 갔고 하루에 3번 감기약을 먹으라는 처방을 받았다. 오늘 오후 5시가 될 즈음에 그녀는 세 번째 약을 먹는 중일 것이다.

해설 'by the time'절의 동사(becomes)는 현재시제이기 때문에 주절의 동사는 미래진행시제가 정답이 된다.

어휘 caught a cold 감기에 걸리다
wet to the skin 비에 흠뻑 젖다
advise 조언하다

04 (c) will be staying

해석 Jane과 그녀의 남편은 내일 출발하여 1주 동안 스페인으로 신혼여행을 갈 예정이다. 현재 그녀는 어머니와 전화하면서 Casual Hoteles에 다음 주 목요일까지 머무르는 중일 것이라고 알리는 중이다.

해설 빈칸이 포함된 문장에는 현재진행의 단서 'currently'가 있으나 선택지에는 과거진행과 미래진행만 있다. 첫 문장에 'is scheduled for'과 'next week'은 미래시제이므로 과거가 아닌 미래진행을 정답으로 선택하면 된다.

어휘 be scheduled to V ~할 예정이다
depart 출발하다 remind 상기시키다

05 (a) will be contacting

해석 지난주 우리 레스토랑에 방문한 고객들이 복통을 호소했으며 이에 따라 우리는 지금 조치를 취하는 중이다. 우리는 오늘 오후에 당사자들에게 연락을 취할 것이며 이에 대한 보상을 진행할 것이기 때문에 우리는 정중하게 고객들이 조치를 취하지 않고 연락을 기다리기를 부탁한다.

해설 'this afternoon'처럼 'this + 시간'은 미래의 단서이다. 'this fall = 올 가을, this evening = 오늘 저녁' 또한 미래의 단서이다.

어휘 **visitor** 방문객　**stomach pain** 복통
take action 조치를 취하다　**politely** 정중히
affected party 영향받은 당사자
compensate 보상하다

06　　　　　　　　　　　　　(b) will be volunteering

해설 수잔은 지금 수익금을 홍수 구호물자에 기부하는 중이며, 이 빌딩의 모든 직원들은 지역사회 정화 프로젝트에 자원하는 중일 것이다. 수백명의 사람들이 홍수 이재민들을 돕는 중이며, 그들이 경제적인 안정을 되찾기를 바란다.

해설 빈칸이 포함된 문장에 시제의 단서가 없기 때문에 선택지에서 진행이 아닌 것을 먼저 소거한다. 미래진행과 과거진행이 남게 되는데, 주변 문맥이 다 현재시제이기 때문에 미래진행을 정답으로 선택한다. (과거일 때만 과거진행)

어휘 **donate** 기부하다　**proceeds** 수익금
flood relief 홍수 구호물자　**volunteer** 자원봉사하다
community 지역사회
clean-up project 정화 프로젝트
flood victim 홍수 이재민　**recover** 되찾다
fianacial 재정의　**stability** 안정

현재완료진행시제
현재완료진행시제 1초만에 단서 찾기　▶45page

01 (a)　**02** (c)　**03** (d)　**04** (d)　**05** (a)　**06** (b)

01　　　　　　　　　　　　　(a) has been increasing

해설 AL공장의 노동자들이 시위를 시작했다. 관리책임자는 사무실에 몇 시간 동안 몸을 숨겼고 이윽고 나와서 협상을 하러 나왔다. 결국, 노동시간은 줄어들었으며 그 때 이후로 노동자들의 생산성이 증가 해오는 중이다.

해설 현재완료의 단서인 'since then'가 있으므로 현재완료 진행시제가 정답이다.

어휘 **demonstration** 시위　**factory** 공장
chief manager 관리책임자
hole up in ~에 몸을 숨기다　**negotiate** 협상하다
after all 결국　**reduce** 감소하다
productivity 생산성　**steadily** 꾸준히

02　　　　　　　　　　　　　(c) has been operating

해설 Jen's Kitchen은 2005년에 California에 개업했고 그 때 이후로 성공적으로 운영해 오는 중이다. 현재, 시내에서 가장 유명한 레스토랑이다. 게다가, 많은 고객들을 끄는 새로운 레시피를 개발해 오는 중이다.

해설 현재완료의 단서인 'since then'가 있으므로 현재완료 진행시제가 정답이다.

어휘 **operate** 운영하다　**successfully** 성공적으로
presently 현재　**furthermore** 게다가
develop 개발하다　**recipe** 레시피　**attract** 끌다
customer 고객

03　　　　　　　　　　　　　(d) have been volunteering

해설 Jane과 남편은 UNICEFF에서 수년동안 봉사 해오는 중이다. 몇 달 전에, 2010년의 대지진과 2011년의 전국적 콜레라 이후로 지속된 복구 노력을 알아보기 위하여 그들은 Haiti로 갔다.

해설 현재완료의 단서인 'since 2010'가 있으므로 현재완료 진행시제가 정답이다.

어휘 **volunteer** 자원봉사하다　**recovery effort** 복구 노력
earthquake 지진　**cholera** 콜레라

04　　　　　　　　　　　　　(a) has been developing

해설 청년층 여론 조사에 따르면, 절반은 자본주의를 지지하지 않는다. 반면에, 33%가 사회주의를 지지한다. 이는 지난 몇 년간 조성되어 오는 중인 정치적인 일깨움이다.

해설 현재완료의 단서인 'over/in/for+the past+ 숫자기간'과 함께 현재시제가 문장에 사용되었다. 따라서, 현재완료진행이 정답이다.

어휘 poll 여론조사 support 지지하다
capitalism 자본주의 socialism 사회주의
political 정치적인 awakening 일깨움

05 (a) has been reading

해석 나의 가장 친구 Nate는 내 생일 선물로 프랑스어로 쓰여진 오만과 편견 (Pride and Prejudice) 책을 선물로 줬다. 너무나도 몰입한 나머지 책을 내려놓을 수가 없었다. 사실, 지난밤 이후로 쭉 읽어오는 중이다.

해설 빈칸이 포함된 문장 에 있는 'since last night'는 현재완료진행의 단서이다. 따라서, 현재완료진행이 정답이다.

어휘 be absorbed in ~에 몰입하다 put down 내려놓다
in fact 사실

06 (b) has been practicing

해석 학생회장 Jonathan은 이번주 금요일에 열리는 글쓰기 대회에서 확실하게 우승할 것이라고 확신한다. 콘테스트를 준비하기 위해서, 수백번 이상 연습해 오는 중이다.

해설 빈칸이 포함된 문장에 시제적 단서가 잘 보이지 않는 경우 선택지에서 진행시제가 아닌 것을 소거하고 남은 선택지와 일치하는 시제를 주변 문맥에서 찾는다. 첫 문장이 현재시제이기 때문에 현재완료진행이 정답이다.

어휘 school president 학생회장
confident 자신하는, 확신하는
undoubtedly 의심의 여지도 없이
writing contest 글쓰기 대회 practice 연습하다

과거완료진행시제

현재완료진행시제 1초만에 단서 찾기 ▶47page

01 (c) **02** (c) **03** (c) **04** (b) **05** (c) **06** (b)

01 (c) had been waiting

해석 이 매장의 관리책임자인 Kate는 잠시 점심 식사 하러 나갔다. 그녀가 매장에 돌아왔을 즈음, 한 고객이 일전에 구매했던 물건을 교환하기 위해 한시간 가량 기다려 오던 중이었다.

해설 항상 접속사가 포함된 문장에 동사가 현재인지 과거인지를 확인한다. 공사가 과거이기 때문에 시제일치로 과거진행 혹은 과거완료진행이 정답이 되며, 완료의 단서인 'for a while'이 있기 때문에 과거완료진행이 정답이다.

어휘 chief manager 관리책임자 exchange 교환하다
the other day 일전에

02 (c) had been longing

해석 어제는 Ray의 생일이었고 그의 가족들은 축하하기 위해 그의 친구들을 초대했다. 그날, 그의 부모님은 오랫동안 그가 바래 왔던 선물을 주었다. 그것은 긴 하얀 털을 가진 페르시안 고양이었다.

해설 빈칸은 동사의 자리이므로 진행시제가 정답이 되어야 하며 완료의 단서인 'for + 숫자기간'이 보이므로 완료진행이 아닌 것을 소거한다. 따라서, 과거완료진행시제가 정답이 된다. (주변 시제가 과거시제이므로 과거완료진행이 정답이다.)

어휘 invite 초대하다 long for ~를 바라다 fur 털

03 (c) had been playing

해석 유명한 피아니스트 Jenny는 피아노를 4살 때부터 치기 시작했다. 가장 유명한 유럽 오케스트라와의 협주에서 솔로 곡을 연주해 달라는 요청을 받았을 때, 그녀는 20년간 피아노를 연주해 오는 중이었다.

해설 빈칸은 동사의 자리이므로 진행시제가 정답이 되어야 하며 when 절의 동사는 과거(was asked)이며 주절에 완료의 단서인 'for+숫자기간'이 있으므로 과거완료진행이 정답이다.

어휘 famous 유명한 orchestra 오케스트라

04   (b) had been cleaning

해석 홍성 대지진이라고 불리는 한국에서 발생한 지진 이후에 구조대원들은 지진이 발생하고 건물이 붕괴되었을 때 주차건물을 청소해 오고 있었던 한 남자를 발견했다.

해설 빈칸은 동사의 자리이므로 진행시제가 정답이며 when 절의 동사는 과거(occured and collapsed)이며 완료의 단서인 'for+숫자기간'이 있으므로 과거완료진행이 정답이다.

어휘 earthquake 지진   rescuer 구조대원
detect 감지하다, 발견하다
parking structure 주차건물   temblor 지진
occur 발생하다   collapse 붕괴하다, 무너지다

05   (c) had been raising

해석 건설이 상당히 일찍 끝났기 때문에, 주민들은 사고가 발생하기 전에 건설 안전에 대해 수없이 의문을 제기해 오는 중이었다.

해설 빈칸은 동사의 자리이므로 진행시제가 정답이 되어야 하며 완료의 단서가 있으므로 완료진행인 선택지를 고른다. 선택지에 완료진행이 (c)만 존재하므로 정답이 된다.

어휘 construction 건설   finish 끝내다   quite 꽤나
local 지역의   resident 주민
raise question 의문을 제기하다
safety 안전   accident 사고

06   (b) had been studying

해석 집에 가는 길에, Henry는 하루 종일 서서 일해오던 중이었기 때문에 버스에 앉고 싶었다. 하지만, 어르신들이 버스에 탔기 때문에 자리를 포기해야 했다. 그의 자리를 어르신들 중에 한명에게 양보했다.

해설 주변에 시제적인 단서가 빈칸이 포함된 문장의 주절의 과거동사(wanted)뿐이다. 이때, 완료진행인지 단순진행인지의 여부와 상관없이 선택지 구성을 보면 과거시제와 시제일치 가능한 선택지는 (b)과거완료진행 뿐이므로 정답이 된다.

어휘 give up 포기하다   the olds(=old people) 어르신들
seat 좌석

미래완료진행시제

미래완료진행시제 1초만에 단서 찾기   ▶49page

01 (a)   02 (c)   03 (d)   04 (b)   05 (d)   06 (b)

01   (a) will have been building

해석 작년에, JR 건설회사에 집 건축을 맡겼다. 집이 완성될 때 즈음이면 회사는 7개월 이상 동안이나 집을 짓던 중일 것이다.

해설 대표적인 미래완료의 단서인 'by the time'절의 동사가 현재시제(is finished)이며 완료의 단서인 'for+숫자기간'이 있으므로 미래완료진행이 정답이다.

어휘 entrust 맡기다   construction 건설

02   (c) will have been growing

해석 내 남자친구는 우리가 처음 만났을 때 특별한 식물을 사줬다. 그는 그 식물의 이름을 'Joy'라 이름 붙였는데, 내가 식물에 물을 줄 때마다 내가 행복하기를 원했기 때문이다. 내일이 될 즈음, 이 식물은 10개월 이상 자라는 중일 것이다.

해설 'by + 미래시점'은 미래의 단서이며 완료의 단서인 'for+숫자기간'이 문장에 있으므로 미래완료진행이 정답이다.

어휘 plant 식물

03   (d) will have been working

해석 Jenny는 그녀가 대학 생활을 할 때 국제 건강 문제에 대해 배운 이후로 국제 보건분야를 공부해 오는 중이다. 그녀가 졸업할 때 즈음이면, 그녀는 4년동안 공부를 해 오는 중일 것이다.

해설 대표적인 미래완료의 단서인 'by the time'절의 동사가 현재시제(graduates)이며 완료의 단서인 'for+숫자기간'이 있으므로 미래완료진행이 정답이다.

어휘 issue 문제   graduate 졸업하다
exhausted 기진맥진한

04   (b) will have been preparing

해석 Mindy는 그녀의 딸의 생일잔치에 딸의 친구들을 초대했기 때문에 아침부터 요리를 해오는 중이다. 손님들이 맛있는 음식을 먹기위해 도착할 즈음이면, 그녀는 거의 4시간 동안 음식을 준비해 오는 중일 것이다.

해설 대표적인 미래완료의 단서인 'by the time'절의 동사가 현재시제(arrive)이며 완료의 단서인 'for+숫자기간'이 있으므로 미래완료진행이 정답이다.

어휘 delectable 먹음직스러운   dish 요리

05   (d) will have been waiting

해석 Matthew와 Olivia는 12시에 노틀담 성 앞에서 만나기로 계획했다. 하지만, Matthew는 늦잠자서 약속시간에 나타나지 않았다. 그가 도착할 즈음이면, Olivia는 4시간 동안 기다려 오는 중일 것이다.

해설 대표적인 미래완료의 단서인 'by the time'절의 동사가 현재시제(arrives)이며 완료의 단서인 'since'가 있으므로 미래완료진행이 정답이다.

어휘 plan 계획하다   show up 나타나다
appointed tiem 약속 시간   oversleep 늦잠자다

06   (b) will have been working

해석 만약 우리가 저녁 6시까지 일한다면, 휴식 없이 이 보고서를 6시간 동안 작업하는 중일 것이며 오늘 기진맥진한 나머지 더 이상 일하지 못할 것이다.

해설 'If + S + 현재동사'가 오면 미래시제가 정답이 되는데 완료의 단서인 'for+숫자기간'가 주절에 있으므로 미래완료진행형이 정답이 된다.

어휘 continue 계속적인   break 휴식
exhausted 기진맥진한

진행시제 실전 적용문제

진행시제 실전 적용문제   ▶50page

01 (d)	02 (d)	03 (b)	04 (a)	05 (d)	06 (a)
07 (a)	08 (d)	09 (d)	10 (c)	11 (a)	12 (d)
13 (b)	14 (a)	15 (d)	16 (c)	17 (b)	18 (a)
19 (b)	20 (a)	21 (d)	22 (d)	23 (a)	24 (c)

01   (d) will have been holding

해석 어제 아버지가 7주 된 검정 래브라도 리트리버를 선물해 주셨는데, 그것은 내가 언제나 갖고 싶었던 선물이었다. 나는 이 귀여운 강아지와 노는 것을 멈출 수 없었고 정오가 될 때 즈음이면 나는 강아지를 품에 한 시간 동안 안고 있을 것이다

해설 by the time 절의 동사가 현재시제이므로 주절의 동사는 미래진행이 되어야 하며 'for + 숫자기간'의 단서는 완료의 단서이다. 따라서, 미래완료진행시제가 정답이 된다.

어휘 labrador retriever 래브라도 리트리버
cannot stop -ing ~하지 않을 수 없다
hold 안다, 잡다, 들다
by the time ~할 때 즈음이면

02   (d) had been looking

해석 할아버지께서는 정원에서 편히 쉬고 여생을 즐길 수 있도록 오랫동안 정년을 고대하셨다고 하셨다. 그러나, 이 멋진 꿈이 현실이 되려 할 때, 그들은 갑자기 외로움을 느꼈다.

해설 빈칸은 동사의 자리이며 'for + 숫자기간'의 단서가 있으므로 선택지에서 유일한 완료진행인 (d) 이 정답이 된다.

어휘 look forward to ~를 기대하다   retirement 은퇴
suddenly 갑자기

정답 및 해설 103

03 (b) is currently studying

해석 Amy는 혼자 살고 있고, 수년간 교육을 받지 못한 것을 만회하기 위해 현재 공부하는 중이다. 그녀는 일과 공부에 지칠 때마다 늘 지금의 자리에서 승진된 자신을 생각한다.

해설 빈칸이 포함된 문장에 시제의 단서가 없는 경우 선택지를 먼저 확인한다. 선택지에 현재 단서인 'currently'가 있으므로 현재진행시제가 정답이 된다.

어휘 catch up (정도나 수준을) 따라잡다   currently 지금의, 현재의   promote 승진시키다

04 (a) is now donating

해석 수백 명의 사람들이 수재민들의 재정 안정을 되찾기를 바라며 그들을 돕고 있다. Susan은 현재 수해구호에 수익금을 기부하고 있으며, 이 건물에 있는 모든 직원들은 지역 사회 'clean-up' 프로젝트에서 자원봉사를 할 것이다.

해설 빈칸이 포함된 문장에 시제의 단서가 없는 경우 선택지를 먼저 확인한다. 선택지에 현재 단서인 'now'가 있으므로 현재진행시제가 정답이 된다.

어휘 stability 안정성   financial 경제적인, 재정적인   proceeds 수익금   flood 홍수

05 (d) have been participating

해석 3년 전, 남편과 함께 'Protect the Green' 이라는 그룹에 가입했다. 이후 환경보호 캠페인에 한 달에 세 번 참여해 오는 중이며, 또한 우리 가게의 수익금도 기부한다.

해설 빈칸은 동사의 자리이므로 진행시제 유형이다. 'since then'은 완료의 단서이므로 완료진행시제인 (d)가 정답이 된다.

어휘 environmental 환경의   protection 보호   donate 기부하다   proceeds 수익금   as well 또한

06 (a) have also been rising

해석 한국의 신종 확진자는 어제 47명에서 61명으로 급증했다. 서울에서의 입원은 현재 몇 달째 증가하고 있는 중이며 시장은 폐쇄된 임시 병원이 재개원할 것이라고 말했다.

해설 빈칸은 동사의 자리이므로 진행시제 유형이다. 완료의 단서인 'for+숫자기간'과 현재시제를 알려주는 'now'가 있으므로 현재완료진행형이 정답이 된다.

어휘 confirm 확인하다   hospitalization 입원   shutter 문을 닫다

07 (a) were firing

해석 연구원들은 소리가 더 높은 곳에서 나오면 뉴런들이 반응할 가능성이 적다는 것을 발견했다. 참가자들이 귀 주형(molds)을 착용하기 시작했을 때, 청각 뉴런은 훨씬 더 흐트러진 방식으로 작동하는 중이었다.

해설 빈칸은 동사의 자리이므로 진행시제 유형이다. 'when' 절의 동사는 과거(began)시제 이므로 주절의 동사에 시제를 일치하여 과거진행이 정답이 된다.

어휘 researcher 연구원   respond 반응하다   participant 참여자   auditory neuron 청각 신경세포   disorganized 체계적이지 못한, 흐트러진

08 (d) are planning

해석 현재, 거의 모든 공립학교들은 학생들이 서울에서 일주일 중 일부만 복학하는 것을 허용할 계획이다. 그러나 일부 사립학교는 학부모들이 주장하는 대로 모든 학생들에게 풀타임으로 개교할 것이다.

해설 빈칸은 동사의 자리이므로 진행시제 유형이며, 'Right now,'는 현재의 단서이므로 현재진행시제가 정답이 된다.

어휘 nearly 거의   insist 고집하다, 강하게 권유하다

09 (d) will have been jogging

해석 Barbara는 항상 건강하기를 원했기 때문에 남자친구에게 도와달라고 부탁했다. 지금, 그녀는 그와 조깅을 하고 있는 중이다. 그들이 운동을 마칠 때쯤이면, 그들은 2시간 이상 조깅을 해 오는 중일 것이다.

해설 빈칸은 동사의 자리이므로 진행시제 유형이며, 'By the time'절의 동사는 현재시제(finish)이므로 주절은 미래진행이며 완료의 단서인 'for+숫자기간'이 있으므로 미래완료진행이 정답이 된다.

어휘 jogging 조깅
stay fit 건강(혹은 체형등의)관리를 하며 유지시키다

10 (c) were trying

해석 지난해 연구진은 정자의 존재여부가 필요한 무성생식의 한 형태인 생식을 유도하기 위해 노력했지만 실제 그들의 DNA에 기여한 것은 아니었다.

해설 빈칸은 동사의 자리이므로 진행시제 유형이며, 'last year'은 과거진행의 단서이다.

어휘 asexual 무성의   gynogenesis 생식(세포등의)
presense 존재   require 요구하다   sperm 정자

11 (a) will be cooking

해석 여동생 Donna가 승진했다는 소식을 듣고 깜짝 파티를 준비하려고 계획했다. 그녀를 축하하기 위해, 나는 그녀가 집에 올 때 즈음이면 그녀가 가장 좋아하는 음식을 요리하는 중일 것이다.

해설 빈칸은 동사의 자리이므로 진행시제 유형이다. 'when'절의 동사가 현재시제(comes)의 단서이므로 주절은 미래진행이 정답이 된다.

어휘 celebrate 축하하다
promote 승진하다, 촉진하다, 홍보하다

12 (d) had been working

해석 수의사 겸 운동과학자인 Smoliga 박사는 지난 몇 달 동안 인간이 이론적으로 10분 안에 섭취할 수 있는 핫도그의 최대 개수를 분석하는 작업을 해 오는 중이었다.

해설 빈칸은 동사의 자리이므로 진행시제 유형이며, 'for the past few months'는 완료의 단서이므로 과거완료진행시제가 정답이 된다.

어휘 veterinarian 수의사   analysis 분석
theoretically 이론상으로
consume 소비하다, 섭취하다

13 (b) have been building

해석 필자가 칼럼에서 보도한 바와 같이, 과학자들은 사람들이 뇌를 이용하여 컴퓨터와 상호 작용하거나, 단지 생각만으로도 다른 사람들과 통제하거나 의사소통할 수 있는 기술을 몇 년 동안 개발해 오는 중이었다.

해설 빈칸은 동사의 자리이므로 진행시제 유형이다. 'for years'는 완료의 단서이므로 선택지에서 완료진행인 (b) have been building이 정답이 된다.

어휘 technology 기술   communicate 의사소통하다

14 (a) had been suffering

해석 Matthew의 가족은 그가 우수상을 받은 것을 축하했다. 이날 오전부터 두통에 시달려온 그는 기념식에서 영예로운 순간을 즐길 수 없었다.

해설 빈칸은 동사의 자리이므로 진행시제 유형이다. 'since+과거시점'은 완료의 단서이므로 과거완료진행시제를 정답으로 한다.

어휘 congratulate 축하하다   award ceremony 시상식
honorable 명예로운

15 (d) are displaying

해석 만약 당신이 수학이나 경제 같은 과목을 공부하고 있고 더 많이 공부할 수 있는 능력을 보여준다면, 당신은 잠재적 고용에 이상적인 능력을 보여주고 있는 것이다.

해설 빈칸은 동사의 자리이므로 진행시제 유형이며, 'if'절의 동사는 현재시제이므로, 주절은 미래진행이 나와야하는데 선택지에 (a)과거진행과 (d)현재진행이 있다. 이런 경우에 접속사가 포함된 절의 동사가 현재이면 주절에 미래진행 혹은 현재진행이 정답이된다. 단, 과거시제라면 가정법의 유형이 된다. [407회 출제유형]

어휘 subject 과목, 주제 capability 능력, 역량
ideal 이상적인 potential 잠재적인
employment 고용 display 보여주다, 전시하다

16 (a) will have been writing

해석 데니스는 어려서부터 작가가 되는 것을 꿈꿔왔다. 그가 마침내 소설을 완성할 때쯤이면 그는 20년 넘게 소설을 써 오는 중일 것이다.

해설 빈칸은 동사의 자리이므로 진행시제 유형이며, 'by the time'절의 동사는 현재시제(finishes)이며, 주절에 완료의 단서인 'for + 숫자기간'이 있으므로 정답은 미래완료진행시제가 된다.

어휘 dream of~ ~을 꿈꾸다 estimate 추정하다
become~ ~가 되다 finally 결국에
fiction 소설, 허구

17 (b) was waiting

해석 Ronday는 가능한 한 빨리 집에 갈 수 있도록 열심히 일이 마치고 나서 서둘러 버스 정류장으로 갔다. 하지만 버스정류장에서 기다리던 도중 버스카드를 책상 위에 두고 온 것이 기억이 났다.

해설 'while'절의 동사자리에 빈칸이 있으므로 진행시제 유형이며, 주절의 동사는 과거시제(remembered)이므로 정답은 과거진행이 된다.

어휘 hurry 서두르다 bus stop 버스정류장
remember 기억하다

18 (a) will have been working

해석 만약 우리가 6시까지 계속 일한다면, 우리는 5시간 동안 쉬지 않고 이 프로젝트를 해 오는 중일 것이고, 우리는 너무 지쳐서 오늘은 더 이상 일을 할 수 없을 것이다.

해설 'if'절의 동사는 현재시제(continue)이며 미래의 단서인 'until+미래시점'이 있으며, 주절에 'for + 숫자기간'이 존재하므로 미래완료진행시제가 정답이된다.

어휘 continue 지속하다, 계속하다
break 휴식시간(작업중의)
exhaust 탈진시키다, 기진맥진하게 하다

19 (b) have been watching

해석 전문가들은 캘리포니아, 텍사스, 플로리다와 같은 주에서 새로이 발생한 코로나바이러스 감염이 전체 경제에 어떤 영향을 미칠지 주시해 왔다.

해설 빈칸은 동사의 자리이므로 진행시제 유형이다. 완료의 단서인 'for+숫자기간'이 있으므로 현재완료진행형이 정답이 된다.

어휘 precisely 정확하게, 신중하게 expert 전문가
economic 경제의 impact 영향 renew 갱신하다
outbreak (전쟁,사고, 질병등의)발생, 발발
overall 종합적인, 전체적인, 전체의

20 (a) will be going

해석 내 여동생 Kate가 이번 주말에 졸업을 하기 때문에, 우리 가족은 케이트가 가장 좋아하는 레스토랑에 자리를 예약했다. 우리는 졸업식이 끝나자마자 그곳에서 그녀를 축하하기 위해 가는 중일 것이다.

해설 빈칸은 동사의 자리이므로 진행시제 유형이다. 'as soon as'절의 동사는 현재시제(finishes)이므로 정답은 미래진행시제가 된다.

어휘 graduate 졸업하다 reserve 예약하다
graduation ceremony 졸업

21 (d) has been growing

해석 전 세계 많은 투자자들에게는 지난해보다 훨씬 느린 속도로 성장하고 있는 중국 경제가 더욱 예측불허의 요인이 될 것이다

해설 빈칸은 동사의 자리이므로 진행시제 유형이다. 완료의 단서인 'since last year'이 있기 때문에 현재완료진행형이 정답이 된다.

어휘 investor 투자자 unpredictable 예측불가능한
factor 요소 economy 경제, 경기

22 (d) had been feeling

해석 피오나가 우리의 마감일을 맞추기 위해서 그녀는 몸이 아파도 어쩔 수 없이 일을 해야 했다. 그녀는 집으로 돌아가기로 결심하기 전에 두 시간 동안 몸이 아팠다고 동료들에게 보고했다.

해설 빈칸은 동사의 자리이므로 진행시제 유형이다. 완료의 단서인 'for+숫자기간'이 주절에 있으며 'before'절의 동사는 과거시제(decided)이므로 정답은 과거완료진행시제가 된다.

어휘 meet (조건을) 충족하다, 충족시키다
deadline 마감일 be forced to ~를 강요받다
though ~에도 불구하고 colleague 동료
decide 결정하다

23 (a) have been studying

해석 최근 몇 년 동안, 내 아이들이 역사 공부를 하면서 우리는 학교 방학이 영원히 지속되지 않을 것이라는 것을 알게 되었고, 우리는 이 곳들을 여행하는 것에 대해 양심적이었다.

해설 빈칸은 동사의 자리이므로 진행시제 유형이다. 주변에 단서가 보이지 않는다면 선택지를 확인한다. 선택지에 진행시제가 (a)만 존재하므로 현재완료진행시제가 정답이 된다.

어휘 history 역사
be(become) aware 인식하게 되다, 인식하다
last 지속하다, (상태등이)유지되다

24 (c) will be interviewing

해석 면접의 기회를 얻게 되는 행운을 얻게 되었다면, 누가 면접을 진행할지를 알아보는 것은 항상 의미가 있다. 인터넷을 검색하여 그들의 경력, 전문성 및 관심 분야에 대해 알아낼 수 있는 정보를 확인하여라.

해설 빈칸은 동사의 자리이므로 진행시제 유형이다. 'if'절의 동사는 현재시제(are)이므로, 주절의 동사는 미래진행시제가 된다.

어휘 fortunate 운이좋은, 행운의
secure 확보하다, 보호하다
worth ~ing ~할만한 가치가 있다
find out 알아내다 expertise 전문지식
interest 흥미, 호기심

04 관계사 7스킬

관계사 7스킬 실전 적용 12문제 ▶57page

01 (c) 02 (a) 03 (c) 04 (b) 05 (d) 06 (c)
07 (a) 08 (c) 09 (a) 10 (d) 11 (a) 12 (a)

01 (c) which has been growing at a much slower rate

해석 전 세계의 많은 투자자들에게 있어, 작년 이후 훨씬 더 느린 속도로 성장하고 있는 중국 경제는 더 예측 불가능한 요인이 될 것이다.

해설 1. what 소거
2. 콤마가 있으므로 that 소거
3. 사물명사이기 때문에 who 소거
따라서, which가 정답이다.

어휘 **investor** 투자자 **unpredictable** 예측불가능한
factor 요소 **economy** 경제, 경기

02 (a) who is a veterinarian and exercise scientist

해석 수의사 겸 운동과학자인 Smoliga 박사는 지난 몇 달 동안 인간이 이론적으로 10분 안에 섭취할 수 있는 핫도그의 최대 개수를 분석하는 작업을 해 왔다.

해설 1. what that
2. 콤마가 있으므로 that 소거
3. whom + V → 문법적 오류로 소거
따라서, who가 정답이 된다.

어휘 **analysis** 분석 **maximum** 최대의
theoretically 이론적으로
consume 소비하다, 섭취하다

03 (c) that were initially unsuccessful

해석 Ayn Rand는 1935년에 브로드웨이에서 연극을 제작했다. 처음에 성공하지 못했던 두 편의 초기 소설 후에, 그녀는 1943년 그녀의 소설 "The Fountainhead"로 명성을 얻었다.

해설 1. what 소거
2. novel은 사물명사이므로 who 소거
3. which 다음 완전한 문장이므로 소거
따라서, that이 정답이 된다.

어휘 **play** 연극 **initially** 초기에
unsuccessful 성공하지 못한
achieve 이루다, 성취하다 **fame** 명성

04 (b) that led her in trouble

해석 지난주, Samantha는 재무보고서에 큰 실수를 저질렀고 이는 그녀를 곤경에 처하게 하였다. 그녀가 다시 한번 확인했다면 그녀는 벌써 승진했을 것이다.

해설 1. what, whose 소거
2. which 뒤에 완벽한 문장으로 소거
(보통 컴마가 없는 경우 that과 which만 남는다면 which 다음 바로 주어가 나오는 which는 오답이 되는 패턴이 있다. that을 선택하도록 한다)
따라서, that이 정답

어휘 **made a mistake** 실수를 저지르다
financial report 재무보고서
check 확인하다 **promote** 승진하다, 장려하다

05 (d) that didn't get out of the ship

해석 안내방송에서 가만히 있으라고 했지만 배는 이미 가라앉고 있었고 배에는 아직 나오지 않은 학생들이 많았다. 만약 사람들이 물에 뛰어들었다면, 그들은 구조될 수 있었을 것이다. 그러나 우리는 나가지 말라는 지시를 받았다.

해설 1. what, whose 소거
2. whom뒤에 바로 동사가 나오면 소거
→ 문법적 오류
따라서, that이 정답

어휘 **announcement** 방송 **stay still** 가만히 있다
sink 가라앉다 **rescue** 구조하다

06 (c) which is why lots of workers do not claim the benefits

해석 사람들이 더 많은 돈과 실질적인 조언을 한다면 대부분의 사회적 이슈는 예방될 수 있을 것이다. 기존의 복리후생제도가 비효율적이기 때문에 많은 근로자들이 법적 권리가 있음에도 복리후생 제도를 요구하지 않는 것이다.

해설
1. what 소거
2. 콤마 뒤 that 소거
3. 빈칸 앞 문장 전체를 받으며, 사람명사가 없으므로 who 소거
   따라서, which 정답

어휘 social 사회적인 issue 문제점 prevent 예방하다
practical 현실적인, 실질적인 existing 현존하는
system 사회체계 inefficient 비효율적인
legally 합법적으로 entitled 자격이 있는

07 (a) which was important for her promotion

해석 헬렌은 어젯밤 친구들과 재즈 콘서트에 참석했다. 결과적으로, 그녀는 승진하기 위해 중요한 회의에 늦었다. 그녀는 "만약 내가 그 콘서트를 보지 않았다면, 나는 이미 승진했을 것"이라고 계속 생각했다.

해설
1. what, whose 소거
2. meeting은 사람이 아니므로 who 소거
   따라서, which가 정답

어휘 attend 참석하다 as a result 결과적으로
meeting 회의

08 (c) who were cleaning a parking structure

해설 1978년 홍성 지진으로 알려진 한국 지진 직후, 구조대원들이 지진이 발생하여 구조물이 붕괴되었을 때 주차 구조물을 청소하던 한 남자를 발견했다.

해설
1. what 소거
2. man은 사람이기 때문에 who가 정답
   (where 뒤 동사가 등장하면 오답, which는 사물명사에 사용되므로 소거)

어휘 earthquake 지진 rescuer 구조대원
detect 발견하다, 감지하다 temblor 지진
occur 발생하다 structure 구조물
collapse 붕괴하다

09 (a) whom is a famous pianist

해석 유명한 피아니스트인 Jenny는 4살때 피아노를 연주하기 시작했다. 그녀는 유럽에서 가장 유명한 오케스트라와 솔로 공연을 해달라는 요청을 받았을 당시 20년째 피아노를 연주해 왔었다.

해설
1. what 소거
2. whom 다음에 동사가 오면 소거
3. Jenny는 사람명사이므로 who가 정답

어휘 play 연주하다 do a solo 솔로공연을 하다

10 (d) that helps me the most

해석 내 생각에 내게 가장 도움이 되는 것은 내가 건강할 때 그 순간들을 포착해서 칼럼을 쓰든, 청소년 암 학술토론회를 개최하기 위해 여행을 하든, 그 순간을 최대한 활용하려고 노력하는 것이라고 생각한다.

해설
1. the thing 혹은 –thing으로 끝나는 명사뒤에는 무조건 that이 정답이다.
(420회 출제 유형)

어휘 seize 붙잡다 moment 순간 well 건강한
try to make the most of~ ~를 최대한 활용하려고 하다
host 개최하다 cancer 암 symposium 학술토론회

11 (a) who are having a hard time

해석 수업을 이해하기 어려운 학생들은 개인 과외를 하도록 권장된다. 개별적인 주의를 기울이는 것 외에도, 그 또는 그녀는 학생들이 당황하지 않고 질문을 하도록 격려하는 것을 도울 수 있다.

해설
1. what과 whose 소거
2. Students는 사람명사이므로 who가 정답이다.

어휘 understanding 이해 lesson 수업
encourage 장려하다 seek 찾다, 추구하다

tutoring 과외　**aside from** ~를 제외하고
individual 개인, 개별적인, 각각의
attention 주의, 관심
embarrassed 쑥스러운, 당황스러운, 곤란한

12　　　　　　　(a) where many Americans die

[해석] 병을 앓고 있는 노인들이 머무는 양로원은 미국인들이 많이 죽는 장소로 더 많아지고 있다. 따라서 따라서 자율적 소망의 보전을 위해, 사전지시는 필수적이다. 독특한 구조는 금속보다 더 단단하게 만든다.

[해설] 1. how와 why 소거
2. the place는 장소이므로 where이 정답

[어휘] **nursing home** 양로원　**senior** 노인
illness 병세, 아픔　**stay** 거주하다, 머무르다
increasing 늘어나는　**therefore** 그러므로
advance directive 사전지시　**vital** 중요한
preservation 보존　**autonomous** 자주적인
wish 소원　**end of life** 생애의 마지막

05 준동사

32점이 목표라면, 단순 -ing 형태만 정답으로 선택한다면 5문제 중에 3문제는 맞출 수 있다.

준동사 찍기 적용 6문제 ▶ 63page

01 (a) **02** (a) **03** (b) **04** (a) **05** (c) **06** (d)
07 (b) **08** (c) **09** (d) **10** (c) **11** (b) **12** (c)

01 (a) to fast

해석 Nate는 하룻밤 동안 금식하라는 지시를 받았으며 물을 마시는 것만이 허용되었다. 단식을 하지 않았거나 병을 경험한 적이 있다면 새로운 시험날이 예정될 것이다.

해설 be + p.p 뒤에는 to V가 온다.
32점이 목표라면, 단순 -ing 형태만 정답으로 선택한다면 5문제 중에 3문제는 맞출 수 있다.

어휘 instruct 지시하다 fast 금식하다 aloow 허락하다
experience 경험 be scheduled 예정되다

02 (a) playing

해석 어제 아버지가 7주 된 검정 래브라도 리트리버를 선물해 주셨는데, 그것은 내가 언제나 갖고 싶었던 선물이었다. 나는 이 귀여운 강아지와 노는 것을 멈출 수 없었고 정오가 될 때 즈음이면 나는 강아지를 품에 한 시간 동안 안고 있을 것이다.

해설 'cannot stop -ing'는 동명사의 관용표현이다. 32점이 목표라면 '-ing'형태를 정답으로 선택하면 5개중 3개는 정답이 된다.

어휘 labrador retriever 래브라도 리트리버
cannot stop -ing ~하지 않을 수 없다
hold 안다, 잡다, 들다
by the time ~할 때 즈음이면

02 (b) to learn

해석 만약 당신이 수학이나 경제 같은 과목을 공부하고 있고 더 많이 공부할 수 있는 능력을 보여준다면, 당신은 잠재적 고용에 이상적인 능력을 보여주고 있는 것이다.

해설 명사 + to V의 공식을 기억하면 좋다. 'have difficulty -ing'의 경우는 동명사의 관용표현이므로 유일한 예외 패턴이다.

어휘 subject 과목, 주제 capability 능력, 역량
ideal 이상적인 potential 잠재적인
employment 고용 display 보여주다, 전시하다

04 (a) to secure

해석 면접의 기회를 얻게 되는 행운을 얻게 되었다면, 누가 면접을 진행할지를 알아보는 것은 항상 의미가 있다. 인터넷을 검색하여 그들의 경력, 전문성 및 관심 분야에 대해 알아낼 수 있는 정보를 확인하여라.

해설 명사 혹은 형용사 뒤에 빈칸이 있으면 to V가 정답이 된다.

어휘 fortunate 운이좋은, 행운의 secure 확보하다
worth ~ing ~할만한 가치가 있다 find out 알아내다
expertise 전문지식 interest 흥미

05 (c) wearing

해석 연구원들은 소리가 더 높은 곳에서 나오면 뉴런들이 반응할 가능성이 적다는 것을 발견했다. 참가자들이 귀 주형(molds)을 착용하기 시작했을 때, 청각 뉴런은 훨씬 더 흐트러진 방식으로 작동하는 중이었다.

해설 begin은 toV와 -ing형태 둘 다 취할 수 있다. 선택지에서 단순형을 고르면 된다. 일반적으로 -ing 형태가 정답이 되게 출제된다.

어휘 researcher 연구원 respond 반응하다
participant 참여자 auditory neuron 청각 신경세포
disorganized 체계적이지 못한, 흐트러진

06 (d) to learn more

해설 Jane과 남편은 UNICEFF에서 수년동안 봉사 해오는 중이다. 몇 달 전에, 2010년의 대지진과 2011년의 전국적 콜레라 이후로 지속된 복구 노력을 알아보기 위하여 그들은 Haiti로 갔다.

해설 명사 뒤에는 'to+V'가 정답이 된다.

어휘 volunteer 자원봉사하다   recovery effort 복구 노력
earthquake 지진   cholera 콜레라

07 (b) to send

해설 내일, 나는 방송에 나가는 인터뷰를 진행하는 중일 것이다. 그래서 Carol에게 물어볼 질문들을 보내달라고 부탁했다. 만약 내가 미리 몇 가지 준비를 할 수 있다면, 나는 스트레스를 덜 받고 더 자신감을 가질 것이다.

해설 5형식 구조에서 'to V'가 정답이다. 또한, 명사 뒤에는 'to V'가 정답이다.

어휘 interview 인터뷰   air 방송하다   question 질문
prepare 준비하다   confident 자신감 있는

08 (c) going

해설 NEOWISE를 직접 보기 위해서 해가 진 후 1시간 반 정도 지나 북서쪽 하늘을 올려다보라. 전문가들은 여러분이 가장 잘 볼 수 있는 가장 어두운 지역으로 가는 것을 추천한다.

해설 suggest 뒤에는 '-ing'가 정답이 된다.

어휘 catch 포착하다, 잡다   look up 위를 보다
sunset 해질녘

09 (d) going

해설 아이들이 가족과 함께 주말을 보내고 학교로 돌아가는 것을 두려워하는 것은 꽤 흔한 일이지만, 내 딸 Lily는 친구들과 놀기 위해 학교 가는 것을 좋아한다.

해설 'dread -ing'는 지텔프 출제 포인트 이다.

어휘 fairly 꽤나   commonplace 흔한   dread 두려워하다

10 (c) to interact

해설 필자가 칼럼에서 보도한 바와 같이, 과학자들은 사람들이 뇌를 이용하여 컴퓨터와 상호 작용하거나, 단지 생각만으로도 다른 사람들과 통제하거나 의사소통할 수 있는 기술을 몇 년 동안 개발해 오는 중이었다.

해설 5형식의 구조는 'to V'가 정답이다. 또한, 명사 뒤 빈칸은 'to V'가 정답이다.

어휘 technology 기술   communicate 의사소통하다

11 (b) becoming

해설 Dennis는 어려서부터 작가가 되는 것을 꿈꿔왔다. 그는 마침내 소설을 완성할 때쯤이면 20년 넘게 소설을 쓰는 중일 것이라고 추정한다.

해설 전치사 뒤에는 '-ing'가 정답이다.

어휘 dream 꿈에 그리다   estimate 추정하다
fiction 소설

12 (c) graduating

해설 Mark는 마지막 학기 학비를 마련하기 위해서는 몇 학기를 쉬어야 할지도 모른다고 생각했다. 그때부터 그는 졸업을 미뤄오는 중이다. 현재, 현재 삼촌의 카페에서 일하고 있다.

해설 delay 뒤에는 '-ing' 동명사가 정답이 된다.

어휘 tuition 등록금   semester 학기

ACTUAL TEST 01

▶68page

01 (d)	02 (c)	03 (b)	04 (a)	05 (d)	06 (a)
07 (c)	08 (a)	09 (b)	10 (c)	11 (c)	12 (d)
13 (b)	14 (a)	15 (a)	16 (d)	17 (a)	18 (c)
19 (a)	20 (b)	21 (a)	22 (a)	23 (c)	24 (b)
25 (a)	26 (a)				

조동사 유형 – 32점에서는 찍는 유형

01 (d) can

해석 특히 여름에 개가 수의사에게 눈에 띄는 가장 흔한 이유 중 하나는 귀 감염이다. 귀의 감염은 박테리아나 효모에 의해 유발될 수 있다.

해설 질병의 원인은 질병 발생의 가능성을 의미하기 때문에 'can'이 정답이 된다.

어휘 **infection** 감염 **common** 흔한 **reason** 이유, 원인
especially 특별히 **cause** 야기하다, 일으키다
yeast 효모

진행시제1 – 현재진행시제

02 (c) is doing

해석 내 동료 중 한 명인 패트릭은 지난주에 그녀의 꿈에 그리던 회사에 지원했다. 지금 이 순간, 그녀는 부장님과 면접을 보고 있다. 바라건대, 그녀는 그곳에서 받아들여지기를 바란다.

해설 'as of this moment'는 현재진행시제의 단서이다.

어휘 **colleague** 동료 **apply** 지원하다
as of this moment 지금 이 순간 **hopefully** 바라건대
accept 받아들이다

가정법1 – 가정법 과거완료1

03 (b) would have survived

해석 현재 인도에서 홍역 등 예방이 가능한 소아질환으로 사망하는 어린이의 3분의 2가 면역 접종에 쉽게 접근했다면 생존했을 것이다.

해설 if절의 동사가 'had had' 과거완료이므로 주절은 'would have p.p'가 정답이 된다.

어휘 **currently** 현재의, 현재에 **two-thirds** 3분의 2
die of ~(원인)으로 죽다 **preventable** 예방가능한
access 접근성 **immunization** 면역접종 **measles** 홍역

진행시제2 – 현재완료진행

04 (a) has been increasing

해석 노동자들은 AL 공장에서 시위를 시작했다. 부장님은 3시간 동안 사무실에 숨어 있다 협상을 하러 나왔다. 결국 근로시간이 줄어들고 그 이후 생산성도 꾸준히 증가해 오는 중이다.

해설 'since then'은 완료의 단서이므로 현재완료진행시제가 정답이 된다.

어휘 **hole up** 숨다 **demonstration** 시위, 데모
negotiate 협상하다 **reduce** 감소하다
productivity 생산성 **increase** 증가하다
steadily 꾸준하게

진행시제3 – 미래진행시제

05 (d) will be attending

해석 이 학교의 모든 학생들은 내일 청소년 축제에 참석할 것이다. 이 행사에 참여하기 위해 학생들은 오늘까지 이 양식을 담당 교사에게 제출해야 한다. 그렇지 않으면 특별한 쿠폰을 받을 수 없게 된다.

해설 'tomorrow'는 미래진행시제의 단서이다.

어휘 **youth** 청년 **festival** 축제 **participate** 참여하다
submit 제출하다 **form** 양식
in charge 담당, 책임을 지고 있는
otherwise 그렇지 않으면 **be able to** ~할 수 있다

Should 생략1

06 (a) be effectively managed

해석 소비자의 요구를 충족시켜야 하는 조직의 의무는 때때로 이슈에 대한 지연된 대응으로 야기되는 다양한 환경적 부정적 영향을 발생시킨다. 따라서 조직과 환경 간의 이러한 관계를 효과적으로 관리할 필요가 있다.

해설 'It is necessary' 뒤 that절의 주어가 '~해야 하는 것은 중요하다'라는 의미로 해석되면 조동사 should가 생략되어 주어 다음에 오는 빈칸은 동사 원형이 정답이 된다. 수동태의 원형은 'be + p.p'의 형태이다.

어휘 organization 조직 duty 의무 satisfy 만족시키다
demand 요구하다 generate 발생시키다
various 다양한 environmental 환경적인
negative 부정적인 impact 영향 delayed 지연된
response 반응 issue 문제
therefore 그러므로, 따라서 necessary 필수적인
relation 관계 effectively 효과적으로

관계사1

07 (c) which has been growing at a much slower rate

해석 전 세계 많은 투자자들에게는 지난해보다 훨씬 느린 속도로 성장하고 있는 중국 경제가 더욱 예측불허의 요인이 될 것이다.

해설 1. what 소거
2. 콤마 뒤 that 소거
3. economy는 사람명사가 아니므로 who 소거
따라서, which가 정답이다.

어휘 investor 투자자 unpredictable 예측불가능한
factor 요소 economy 경제, 경기 rate 속도, 비율

진행시제4 – 미래완료진행시제

08 (a) will have been building

해석 지난해 JR건설사에 부모님의 집 공사를 맡겼다. 이 회사는 완공될 때 즈음이면 7개월 넘게 집을 지어 오는 중일 것 었다.

해설 by the time 절의 동사는 현재시제(is finished)이며 주절에 'for + 숫자기간'이 존재하므로 미래완료진행시제가 정답이 된다.

어휘 entrust 맡기다, 위임하다 construction 건설

Should 생략2

09 (b) try

해석 Jan은 작년보다 더 많은 고객을 확보하고 회사를 수익성 있게 만들기 위해 JN 회사의 최고 경영자 자리를 제안받았다. 그러므로, 그녀가 이 기회를 이용하기 위해 최선을 다하는 것은 매우 중요하다.

해설 'It is crucial' 뒤 that절의 주어가 '~해야 하는 것은 중요하다'라는 의미로 해석되면 조동사 should가 생략되어 주어 다음에 오는 빈칸은 동사 원형이 정답이 된다.

어휘 offer 제공하다, 제안하다
on terms to~ ~를 하는 조건으로
attract 끌어들이다 customer 고객
profitable 수익성있는, 이득이되는
crucial 중요한, 결정적인

준동사1 – 동명사1

10 (c) choosing

해석 내가 살 물건을 고를 때 가장 중요한 요소는 색이다. 현재 색상이 환상적인 가구가 많아서 가구를 고르는 데 큰 어려움을 겪고 있다. 좋아하는 색깔로 물건을 사는 사람들은 사는 데 너무 많은 시간을 소비한다.

해설 'risk' 다음에 오는 동사는 '-ing'가 정답이다. 32점이 목표라면 준동사 유형은 단순 동명사를 선택하면 5개 중에 3개를 맞출 수 있기 때문에 찍기만 해도 된다.

어휘 important 중요한 element 요소 currently 현재
furniture 가구 fantastic 환상적인

진행시제5 – 과거완료진행시제

11　　　　　　　　　　　　(c) had been waiting

해석 이 가게의 지배인인 케이트는 점심을 먹으러 나갔다. 그녀가 가게에 도착했을 즈음에, 고객은 일전에 산 물건을 교환하기 위해 한 시간 동안 기다려 오는 중이었다.

해설 'by the time'절의 동사는 과거시제이며 주절에 완료의 단서인 'for + 숫자기간'이 있으므로 과거완료진행형이 정답이 된다.

어휘 client 고객　exchange 교환하다
the other day 예전에

접속사 유형 – 32점에서는 찍는 유형

12　　　　　　　　　　　　(d) however

해석 AIN Land는 자라서 러시아에서 교육을 받았다. 그러나, 그녀는 정치혁명 때문에 미국으로 이주하기로 결심했다. 그녀는 1935년에 브로드웨이에서 연극을 공연했다.

해설 러시아에서 교육받았는데 정치혁명으로 인해 미국으로 떠난다는 내용은 역접의 접속부사가 어울린다. 러시아에서 교육받아서 당연히 미국으로 간다는 것은 논리적으로 옳지 않으므로 naturally 혹은 thus는 오답이 된다.

어휘 grow up 자라다　educate 교육하다
resolve 해결하다, 결심하다　political 정치적인
revolution 혁명　play 연극

가정법2 – 가정법 과거1

13　　　　　　　　　　　　(b) would be

해설 요즘 많은 불법 이민자들이 그들에게 주어진 임금이 무엇이든 받아들인다. 해결책은 이주민의 이동성과 노동자의 권리를 새롭게 강조하는 데 있다. 이주민들이 직업 사이를 이동할 수 있다면, 그들은 폭력적인 고용주들을 자유롭게 노출시킬 수 있을 것이다.

해설 If 절의 동사는 과거시제(could+V)이므로 주절의 동사는 'would+be'가 정답이 된다.

어휘 undocumented immigrant 불법 이민자
accept 받아들이다　wage 임금　solution 해결책
lie in ~에 있다　mobility 이동성　migrant 이주자
emphasis 강조　right 권리　expose 노출시키다
abusive 학대하는, 모욕적인

준동사2 – 동명사2

14　　　　　　　　　　　　(a) playing

해석 어제 아버지가 7주 된 검정 래브라도 리트리버를 선물해 주셨는데, 그것은 내가 언제나 갖고 싶었던 선물이었다. 나는 이 귀여운 강아지와 노는 것을 멈출 수 없었고 정오가 될 때 즈음이면 나는 강아지를 품에 한 시간 동안 안고 있을 것이다

해설 'cannot stop –ing'는 동명사의 관용표현이다. 32점이 목표라면 '-ing'형태를 정답으로 선택하면 5개중 3개는 정답이 된다.

어휘 labrador retriever 래브라도 리트리버
cannot stop –ing ~하지 않을 수 없다
hold 안다, 잡다, 들다
by the time ~할 때 즈음이면

가정법3 – 가정법 과거2

15　　　　　　　　　　　　(a) would deal

해석 부모가 아주 어린 나이에 아이들에게 자신감을 심어주는 것이 중요하다. 아이들이 스스로 자신감에 차 있다면 이후에 마주치는 문제들을 더 잘 처리할 수 있을 것이다.

해설 If절의 동사는 과거시제이므로 'would deal'이 정답이다.

어휘 instill 주입하다　confidence 자신감
deal with ~을 다루다　encounter 마주하다, 직면하다

가정법4 – 가정법 과거3

16 (d) would get

해석 정부가 기업과 경쟁하고 있다면 금리는 상승세일 것이다. 또한, 만약 고용주들이 새로운 고용을 하는 것에 대해 불확실하다면, 그들은 현 직원들의 근무시간을 늘림으로써 업무를 해결할 것이다.

해설 If절의 동사는 과거시제이므로 'would get'이 정답이다.

어휘 government 정부   compete 경쟁하다
interest rate 금리   on the rise 상승세인
uncertain 불확실한   hire 고용
increase 증가시키다   employer 고용주
employee 고용인

접속사 유형 – 32점이 목표라면 찍는 유형

17 (a) however

해석 영어 대리시험 서비스는 지난 20년 동안 중국에서 발전해 왔다. 그러나, 이러한 시험이 어떻게 개발되고, 관리되고, 사용되는지에 대한 연구는 거의 존재하지 않는다.

해설 빈칸 앞 문장은 영어시험이 진행중이라고 해석되고, 빈칸 뒤 문장은 연구가 충분히 이뤄지지 않았다는 내용이 등장하므로 역접의 접속부사인 'However'이 정답이 된다.

어휘 decade 10년   existent 존재하는
develop 발전시키다   administer 관리하다, 운영하다

가정법6 – 가정법 과거완료3

18 (c) would have saved

해석 존이 번 돈을 모두 아내의 통장에 넣고 관리해 달라고 했다면, 그들은 오랫동안 갈망해 온 호화로운 테슬라를 살 수 있을 만큼 돈을 모았을 것이다.

해설 If 절의 동사는 'had put' 과거완료이므로 주절의 동사는 'would not have watched'가 정답이다.

어휘 handle 다루다   luxurious 화려한, 호화로운
long 갈망하다, 간절히 원하다

should 생략3

19 (a) teach

해석 캘리포니아에 있는 대부분의 대학들은 'teaching machine'이라 불리는 더 많은 임시 교수진을 고용하고, 그들에게 더 많은 수업을 가르치고 더 적은 임금을 지불하도록 한다. 학교에서는 1학년 대학원생들이 학부 과정을 가르칠 것을 제안한다.

어휘 faculty 교직원   refer 언급하다   suggest 제안하다

가정법5 – 가정법 과거완료2

20 (b) had not watched

해석 헬렌은 어젯밤 친구들과 재즈 콘서트에 참석했다. 결과적으로, 그녀는 승진하기 위해 중요한 회의에 늦었다. 그녀는 "만약 내가 그 콘서트를 보지 않았다면, 나는 이미 승진했을 것"이라고 계속 생각했다.

해설 주절의 동사가 'would have been promoted' 가정법 과거완료의 형태이므로 If절의 동사는 'had not watched'가 정답이다.

어휘 as a result 결과적으로   promotion 승진

관계사2

21 (a) who is a veterinarian and exercise scientist

해석 수의사 겸 운동과학자인 Smoliga 박사는 지난 몇 달 동안 인간이 이론적으로 10분 안에 섭취할 수 있는 핫도그의 최대 개수를 분석하는 작업을 해 왔다.

해설 1. what 소거
2. 콤마 뒤 that 소거
3. whom 뒤 동사가 나오면 소거
따라서 who가 정답이다.

어휘 veterinarian 수의사   exercise 운동, 활동
analysis 분석   maximum 최대의
theoretically 이론적으로
consume 섭취하다, 소비하다

준동사3 – to부정사1

22   (a) to fast

해석 Nate는 하룻밤 동안 금식하라는 지시를 받았으며 물을 마시는 것만이 허용되었다. 단식을 하지 않거나 병을 경험한 적이 있다면 새로운 시험날이 예정될 것이다.

해설 be + p.p 뒤에는 to V가 온다.
32점이 목표라면, 단순 –ing 형태만 정답으로 선택한다면 5문제 중에 3문제는 맞출 수 있다.

어휘 instruct 지시하다   fast 금식하다   aloow 허락하다
experience 경험   be scheduled 예정되다

준동사4 – 동명사3

23   (c) wearing

해석 연구원들은 소리가 더 높은 곳에서 나오면 뉴런들이 반응할 가능성이 적다는 것을 발견했다. 참가자들이 귀 주형(molds)을 착용하기 시작했을 때, 청각 뉴런은 훨씬 더 흐트러진 방식으로 작동하는 중이었다.

해설 begin은 toV와 –ing형태 둘 다 취할 수 있다. 선택지에서 단순형을 고르면 된다. 일반적으로 –ing 형태가 정답이 되게 출제된다.

어휘 less likely to~ 덜~하다   participant 참가자
mold 주형   auditory 청각의   neuron 신경세포
disorganized 정리되지 않은, 체계적이지 않은
manner 형태, 방식   fire 발사하다, 내보내다(정보등을)

준동사5 – to부정사2

24   (b) to learn

해석 만약 당신이 수학이나 경제 같은 과목을 공부하고 있고 더 많이 공부할 수 있는 능력을 보여준다면, 당신은 잠재적 고용에 이상적인 능력을 보여주고 있는 것이다.

해설 명사 + to V의 공식을 기억하면 좋다. 'have difficulty –ing'의 경우는 동명사의 관용표현이므로 유일한 예외 패턴이다.

어휘 subject 과목, 주제   capability 능력, 역량
ideal 이상적인   potential 잠재적인
employment 고용   display 보여주다, 전시하다

진행시제6 – 과거진행

25   (a) were working

해석 날씨가 좋지 않아서 회사 야유회가 취소되었다. 그 대신, 모든 직원은 평소대로 출근했다. 우리가 일하는 동안에 취소된 야유회 때문인지 일에 집중할 수 없었다.

해설 빈칸은 while절의 동사 자리이므로 진행시제 유형이다. while절 뒤 문장의 동사(couldn't focus)는 과거형 태이므로, 과거진행으로 시제를 일치시켜준다.

어휘 inclement weather 좋지않은 날씨
outing 소풍, 야유회   instead 대신에
as usual 평소대로   focus on ~에 집중하다
due to ~ 때문에   cancel 취소하다

조동사 유형 – 32점이 목표라면 찍는 유형

26   (a) must

해석 네팔 정부 고위위원회는 에베레스트 등반 허가를 받으려는 모든 등산객들은 반드시 사전 고공 등반 경험이 있어야 하며 시범 훈련을 받아야 한다.

해설 등산객들이 가져야할 의무사항이 목적어로 등장하므로 정답은 의무를 나타내는 'must'가 정답이다.

어휘 prior 사전의   high altitude 높은 고도
mountaineering 등반   demonstrable 입증가능한
commission 위원회   rule 판결하다

ACTUAL TEST 02

01 (d)	02 (b)	03 (b)	04 (c)	05 (d)	06 (b)
07 (d)	08 (a)	09 (a)	10 (c)	11 (a)	12 (b)
13 (b)	14 (c)	15 (a)	16 (d)	17 (c)	18 (c)
19 (a)	20 (d)	21 (c)	22 (a)	23 (c)	24 (d)
25 (b)	26 (c)				

준동사1 - 동명사

01 (d) going

[해석] 아이들이 가족과 함께 주말을 마치고 학교로 돌아가는 것을 두려워하는 것은 꽤 흔한 일이지만, 내 딸 Lily는 친구들과 놀기 위해 학교로 돌아가는 것을 좋아한다.

[해설] '~하는 것을 두려워하다'라고 해석되면 dread뒤 목적어 자리에는 동명사가 정답이다. 32점이 목표라면 준동사 유형 '-ing'형태를 정답으로 채택하면 5개중 3개는 정답이다.

[어휘] fairly 꽤나 commonplace 흔한 dread 두려워하다

진행시제1 - 미래진행시제

02 (b) will be focusing

[해석] 우리 회사는 최근 금융위기를 마주했지만, 팀장은 신제품 출시를 원하고 있다. 그래서 다음 주부터 온라인 홍보에 주력할 예정이다.

[해설] 'starting next week'는 미래진행시제의 단서이므로 'will be focusing'이 정답이다.

[어휘] encounter 마주하다 release 출시 product 제품 promotion 홍보

조동사 유형 - 32점 목표는 찍는 유형

03 (b) must

[해석] 껌 씹는 것은 1992년부터 싱가포르에서 수출입규제에 따라 금지되어왔다. 하지만 의학적인 목적으로 씹을 필요가 있다면 약국에서 구입해야 한다.

[해설] 정부의 규제로 인해 금지된 상황이며, 의료 목적이라면 약국에서 구매해야 한다는 의미이므로 의무인 must가 정답이 된다.

[어휘] chew 씹다 ban 금지시키다 regulation 규정 import 수입 export 수출 purchase 구입하다 pharmacy 약국

진행시제2 - 미래완료진행

04 (c) will have been growing

[해석] 우리가 처음 만났을 때 내 남자친구는 나에게 특별한 식물을 사주었었다. 그는 내가 물을 줄 때마다 행복하길 원했기 때문에 이 특별한 식물을 Joy라고 이름 지었다. 내일이 될 즈음에는 이 식물은 10개월 넘게 자라온 셈이 될 것이다.

[해설] 'by + 미래시점' 과 완료의 단서 'for + 숫자기간'이 있기 때문에 미래완료진행시제가 정답이 된다.

[어휘] plant 식물 name 이름짓다 water 물을주다 grow 자라다

Should생략 1

05 (d) not bring

[해석] Green's Kitchen은 그곳을 방문하는 방문객들에게 아이들을 데려오지 말라고 요청했다. 그래서 우리 가족이 도착했을 때, 우리는 대신 다른 식당으로 가야 했다.

[해설] 'request' 뒤 that절의 주어가 '~해야 하는 것은 중요하다'라는 의미로 해석되면 조동사 should가 생략되어 주어 다음에 오는 빈칸은 동사 원형이 정답이 된다. 부정형의 동사 원형은 'not + V'형태가 정답이다.

[어휘] visitor 방문객 entitle 자격을 주다 request 요구하다 bring 데려오다 arrive 도착하다 instead 대신에

가정법1 - 가정법 과거1

06 (b) could be prevented

[해석] 만약 사람들이 더 많은 돈과 실질적인 조언이 있었다면 대부분의 사회적 이슈는 예방될 수 있었을 것이다. 기존의 복리후생제도가 비효율적이기 때문에 많은 근

로자들이 자신이 받을 수 있는 복리후생비를 청구하지 않는 것이다.
- 해설 If절의 동사는 과거동사(had)이므로 주절의 동사는 'could be prevented'가 된다. had의 경우에 가정법 과거완료의 형태와 혼동할 수 있으니 주의해야 한다.
- 어휘 prevent 예방하다 practical 실질적인
  advice 조언 existing 현존하는
  benefit system 복리후생제도
  inefficient 비효율적인 claim 요구
  legally 합법적으로 entitled 자격이 있는

진행시제3 - 현재진행

07 (d) am collecting

- 해설 작년에 나는 'Go-Green'이라는 환경 단체에 가입했다. 이후 환경보호 캠페인에 한 달에 한 번 참여하고 있다. 나는 지금 도심에서 재활용 쓰레기를 수거하고 있어.
- 해설 'Right now'는 현재진행시제의 단서이므로 'am collecting'이 정답이다.
- 어휘 join 가입하다 environmental 환경의
  participate 참여하다 protection 보호
  campaign 캠페인 recyclable 재활용 가능한
  waste 버려지는 물품들, 쓰레기

가정법2 - 가정법 과거2

08 (a) would have

- 해설 일주일에 4일, 나의 러닝 그룹은 내 문 앞에 나타나서 내가 동이 트기 전에 일어나 나를 7마일 달리기에 데려갈 때까지 노크한다. 만약 내가 뛰려고 일어나지 않는다면, 나는 침대에서 일어나 보람 있는 하루를 시작할 수 없을 것이다.
- 어휘 show up 나타나다 knock 노크하다
  fruitful 보람있는, 알찬

조동사

09 (a) should

- 해설 요즘 가짜뉴스는 인터넷에 널리 만연하기 때문에 그 정보가 사실인지 아닌지 구분하기 어렵다. 따라서 믿을 만한 소식통의 소식만 읽어야 한다.
- 해설 믿을만한 정보의 뉴스만 (only)오직 읽어야 한다는 의무를 나타내기 때문에 'should'가 정답이다.
- 어휘 these days 최근, 요즘 widely 널리
  distinguish 구분하다 source 출처
  reliable 믿을만한, 신용할 수 있는

진행시제4 - 과거완료진행시제

10 (c) had been longing

- 해설 어제는 Ray의 생일이었고 그의 가족은 그의 친구들을 축하하기 위해 초대했다. 그날, 그의 부모님은 그가 오랫동안 갈망해왔던 선물을 그에게 주었다. 길고 하얀 털을 가진 페르시안 고양이였다.
- 해설 주변 문맥의 시제는 과거시제(gave)이며 완료의 단서인 'for + 숫자기간'이 있으므로 정답은 과거완료진행시제가 된다.
- 어휘 invite 초대하다 long 갈망하다 fur (동물의)털

Should생략 2

11 (a) not attend

- 해설 COVID-19 때문에 세계적인 행사들이 취소되거나 연기되고 있는데, 이는 학생들이 학교에 등교하지 말아야 한다고 제안한다. 대신에 그들은 집에서 공부하고 온라인 수업을 들어야 한다.
- 해설 'suggest' 뒤 that절의 주어가 '~해야 하는 것은 중요하다'라는 의미로 해석되면 조동사 should가 생략되어 주어 다음에 오는 빈칸은 동사 원형이 정답이 된다. 부정형의 동사 원형은 'not + V'형태가 정답이다.
- 어휘 global 세계적인 cancel 취소하다
  postpone 미루다 suggest 제안하다, 나타내다

진행시제5 - 과거진행
12 (b) was explaining

해석: 지난주, 나는 대학원생들을 대상으로 수백명 앞에서 떨지 않고 성공적으로 연설하는 방법에 대한 세미나를 진행하였다. 세미나를 진행하는 동안, 대학원생 중 몇 명이 연설에 빠져들게 만드는 방법을 설명하는 동안 많은 질문을 하는 중이었다.

해설: 빈칸은 동사 자리이므로 진행시제 유형이다. while 절의 빈칸은 동사자리이므로 주절의 과거동사(asked)와 시제를 일치하여 과거진행이 정답이 된다.

어휘: lead 이끌다 seminar 세미나
graduate student 대학원생 speech 연설
successfully 성공적으로 catch up 이목을 끌다
audience 관중

관계사1
13 (b) that led her in trouble

해석: 지난 주, Samantha는 그녀를 곤경에 빠뜨린 재무보고서에 큰 실수를 저질렀다. 그녀가 다시 한 번 확인했으면 벌써 승진했을 것이다.

해설: 1. what whose 소거
2. which 뒤 완벽한 문장이므로 소거
따라서, that이 정답

어휘: mistake 실수 financial 재정상의, 금융의
report 보고서 lead someone in ~에(로) 이끌다
promote 승진하다

진행시제6 - 현재완료진행시제
14 (c) has been operating

해석: Jen's Kitchen은 2005년 캘리포니아에 첫 식당을 열고 이후 성공적으로 운영되고 있다. 현재, 그곳은 이 도시에서 가장 유명한 식당이다. 게다가, 그것은 많은 고객들을 끌어들이는 새로운 요리법을 개발하고 있다.

해설: 'since then'은 완료의 단서이며 'from now'는 현재까지라는 의미로 종합해보면 현재완료진행시제가 정답이 된다.

어휘: open 열다, 개업하다 operate 운영하다
successfully 성공적으로 presently 현재에
furthermore 더군다나 develop 개발하다
recipe 요리방법 customer 고객

가정법3 - 가정법 과거3
15 (a) would be

해석: Lee 교수는 열심히 공부해 끝없이 꿈을 쫓으면 언젠가는 내가 하고 싶은 대로 확실하게 할 수 있을 것이라고 말했다. 그의 조언 덕분에, 나는 현재 좋은 점수를 받기 위해 최선을 다하고 있어.

해설: If절의 동사는 과거시제(studied)이므로 주절의 동사는 'would be'가 된다.

어휘: chase 추구하다, 쫓다 endlessly 끊임없이
grade 성적

가정법4 - 가정법 과거완료1
16 (d) would have retired

해석: 유명한 운동선수인 로저 배니스터는 1952년에 올림픽에 실패했고 1,500 미터에서 4위를 차지했다고 말했다. 금메달을 땄으면 아마 은퇴했을 것이다.

해설: If절의 동사는 과거완료(had gotten)이므로 주절의 동사는 'would have retired'가 정답이 된다.

어휘: famous 유명한 athlete 운동선수 fail 실패하다
retire 은퇴하다

가정법5 - 가정법 과거완료2
17 (c) might have tried

해석: 돈으로 지불하는 것이 가능하지만 현금화되지 않은 수표를 작성할 수 있다고 상상해 보라. 만약 당신이 그 능력을 부여받았다면, 당신은 그 능력을 영원히 지키기 위해 열심히 노력했을지도 모른다.

해설: 빈칸 주변에 If가 없으며 선택지 2개 이상이 가정법의 형태인경우 (시제와 가정법이 혼동될 때) 빈칸이 포함된 문장에 'had + 주어 + p.p'가 있는지 찾는다. 있는 경우 가정법 과거완료이며 정답은 'would, could, might + have + p.p'가 된다. 추가적으로 가정법의 도치 형태는 가정법 과거완료에서만 출제된다.

어휘 imagine 상상하다　check 수표　approve 승인하다
payment 지불　cash 현금화하다　grant 주다
ability 능력

준동사2 – 동명사2

18　　　　　　　　　　　　　　(c) going

해석 NEOWISE를 직접 잡으려면 해가 진 후 1시간 반 정도 지나 북서쪽 하늘을 올려다보라. 전문가들은 여러분이 가장 잘 볼 수 있는 가장 어두운 지역으로 가는 것을 제안한다.

해설 suggest는 대표적으로 동명사를 취하는 동사이다. 32점이 목표라면 '-ing'로 정답을 선택하면 5개중 3개가 정답이 되니 애매하게 외우기 보다는 찍는 편이 낫다.

어휘 look up at ~를 올려다보다　sunset 일몰, 해질녘

준동사3 – 동명사3

19　　　　　　　　　　　　　(a) interacting

해석 필자가 칼럼에서 보도한 바와 같이, 개발자들은 몇 년 동안 자신의 두뇌를 이용하여, 단지 생각만 해도 컴퓨터와 상호작용을 하거나 통제를 하거나 통제를 하거나 혹은 의사소통을 할 수 있는 기술을 개발해 왔다.

해설 allow 뒤 목적어 자리는 '-ing'형태인 동명사가 정답이 된다. 32점이 목표라면 '-ing'로 정답을 선택하면 5개 중 3개가 정답이 되니 애매하게 외우기 보다는 찍는 편이 낫다.

어휘 technology 기술　allow 허용하다
interact 상호작용하다　communicate 소통하다
control 조종하다

준동사4 – to 부정사1

20　　　　　　　　　　　　　　(d) to learn

해석 Jane과 그녀의 남편은 유니세프를 위해 여러 해 동안 자원봉사를 해왔고, 몇 달 전, 그들은 2010년의 지진과 2011년의 전국적인 콜레라 이후 회복을 향한 노력에 대해 더 알기 위해 아이티를 여행했다.

해설 명사 뒤에는 'to V'가 정답이다. 32점이 목표라면 '-ing'로 정답을 선택하면 5개중 3개가 정답이 되니 애매하게 외우기 보다는 찍는 편이 낫다.

어휘 volunteer 자원봉사하다　recovery 회복
effort 노력　earthquake 지진　nationwide 전국적인

관계사2

21　　　　　　　(c) that they were initially unsuccessful

해석 Ayn Rand는 1935년에 브로드웨이에서 연극을 제작했다. 처음에 성공하지 못했던 두 편의 초기 소설 후에, 그녀는 1943년 그녀의 소설 "The Fountainhead"로 명성을 얻었다.

해설 1. what 소거
2. novels는 사물명사이므로 who 소거
3. which 뒤 완전한 문장이 오기 때문에 which 소거
따라서, that이 정답이 된다.

어휘 novel 소설　initially 초기에
unsuccessful 성공하지 못한　achieve 이루다
fame 명성

가정법6 – 가정법 과거완료3

22　　　　　　　　　　　　(a) would not have taken

해석 회사 나들이 가는 길에 비가 억수같이 쏟아지기 시작했다. 얼마 지나지 않아 도로가 흙바닥이 되었고 나의 비싼 프라다 가방이 젖었다. 오늘 일기예보만 잘 찾아봤다면 가방을 가지고 가지 않았을 것이다.

해설 If절의 동사가 과거완료(had + p.p)이기 때문에 주절의 동사는 'would, could, might + have + p.p'이 정답이다.

어휘 company outing 회사 야유회
rain cats and dogs 비가 엄청나게 쏟아지다
shortly after 직후에　muddy 진흙의
expensive 비싼　weather forecast 날씨예보

접속사 - 32점이 목표라면 찍는 유형

23   (c) when

해석 대부분의 포식자들은 먼 거리에 있을 때 먹이를 따라갈 충분한 속도를 가지고 있지 않다. 그렇기 때문에 그들을 잡을 수 있을 만큼 가까이 다가갈 때 먹이를 조심스레 따라와 공격한다.

해설 부사절 접속사 문제의 경우 접속사가 포함된 문장부터 해석하고 연력해준다. 잡을 수 있을만큼 가까울 때 공격한다 라는 의미이므로 when이 정답이다.

어휘 **predator** 포식자   **prey** 먹이, 사냥감
     approach 접근하다   **follow** 따라가다
     carefully 조심스럽게

Should 생략 3

24   (d) review

해석 새로 개정된 정책은 기업이 내부 통제를 검토하고 감사를 받도록 하고 있다. 이것은 비용에 대해 상당한 규모의 사업체로부터 큰 불만을 야기했다.

해설 'require' 뒤 that절의 주어가 '~해야 하는 것은 중요하다'라는 의미로 해석되면 조동사 should가 생략되어 주어 다음에 오는 빈칸은 동사 원형이 정답이 된다.

어휘 **revise** 개정하다   **require** 요구하다
     audit 회계감사를 하다   **complaint** 불평
     sizable 상당한 규모의   **costs** 경비, 비용

준동사5 - to 부정사2

25   (b) to send

해석 내일, 나는 방송에 나가는 인터뷰를 진행하는 중일 것이다. 그래서 Carol에게 물어볼 질문들을 보내달라고 부탁했다. 만약 내가 미리 몇 가지 준비를 할 수 있다면, 나는 스트레스를 덜 받고 더 자신감을 가질 것이다.

해설 5형식 구조에서 목적격 보어 자리에 빈칸이 오는 경우 'to+V'가 정답이 된다. (명사 + to V 공식)

어휘 **interview** 인터뷰   **air** 방송하다, 방영하다
     question 질문   **prepare** 준비하다
     confident 자신감 있는

접속사 - 32점이 목표라면 찍는 유형

26   (c) however

해석 호주 정부는 2백만 마리의 야생 고양이를 없애려는 계획이다. 하지만, 동물보호론자들은 이 생각에 반대하고 부정적인 영향을 통제하는 비살상적인 방법을 장려한다.

해설 호주 정부의 계획과 동물보호론자들의 내용이 반대되기 때문에 역접의 접속부사인 'however'가 정답이 된다.

어휘 **Advocate** 옹호하다   **oppose** 반대하다
     promote 장려하다   **nonlethal** 비살상적인
     method 수단   **negative effect** 부정적 영향

ACTUAL TEST 03

▶78page

01 (a)	02 (c)	03 (a)	04 (c)	05 (d)	06 (a)
07 (a)	08 (b)	09 (c)	10 (a)	11 (b)	12 (a)
13 (b)	14 (d)	15 (c)	16 (b)	17 (c)	18 (c)
19 (a)	20 (d)	21 (b)	22 (a)	23 (a)	24 (a)
25 (c)	26 (a)				

준동사1 – to부정사1

01 (a) to secure

해석 면접의 기회를 얻게 되는 행운을 얻게 되었다면, 누가 면접을 진행할지를 알아보는 것은 항상 의미가 있다. 인터넷을 검색하여 그들의 경력, 전문성 및 관심 분야에 대해 알아낼 수 있는 정보를 확인하여라.

해설 형용사 뒤 빈칸은 'to+V'가 정답이다.

어휘 fortunate 행운의   secure 확보하다
worth ~ing ~할만한 가치가 있다
find out 알아내다   expertise 전문지식
interest 흥미, 호기심

진행시제1 – 과거완료진행

02 (c) had been raising

해석 공사가 꽤 일찍 끝나 지역 주민들은 사고 전 수개월 동안 공사현장의 안전에 대한 의문을 제기해 왔다.

해설 'for+숫자기간'은 완료의 단서이므로 유일한 과거완료진행시제인 (c)가 정답이 된다.

어휘 construction 공사   quite 꽤, 매우   resident 거주자
site 현장, 부지

가정법1 – 가정법 과거완료1

03 (a) could have been

해석 우리는 전반전에 충분히 하지 못했고 공격수는 계속해서 골을 놓쳤다. 우리 골키퍼가 없었다면 하프타임 때 상황이 더 좋지 않았을 수도 있었다. 결과적으로 우리의 팀은 결국 승리했다.

해설 If절의 동사는 'had not been' 과거완료시제 이므로 주절의 동사는 'could have been'이 정답이 된다.

어휘 first half 전반전   striker 공격수
as a result 결과적으로   after all 결국, 어쨌든

접속사 – 32점이 목표라면 찍는 유형

04 (c) while

해석 Jackson Pollock의 극단적인 추상화 예술에 대한 비평가들의 의견이 나뉘었다. 어떤 이들은 창작의 직접성을 칭찬했고, 어떤 이들은 무작위로 칠해진 효과를 비웃었다.

해설 칭찬과 비웃음의 상반된 내용을 연결하는 접속사인 while이 정답이 된다.

어휘 abstraction 추상적 개념   compliment 칭찬하다
immediacy 직접성   Creation 창작   deride 조롱하다
ramdomly 무작위로

진행시제2 – 과거진행시제

05 (d) was typing

해석 어젯밤, Trina는 마감 시간 전에 연구 논문을 끝내려고 서두르고 있었다. 하지만 결론을 타이핑하는 중에 노트북이 저장도 하지 않은 채 갑자기 종료돼 다시 처음부터 다시 시작해야 했다.

해설 주절의 동사는 과거시제(shut)이기 때문에 과거진행이 정답이된다.
(shut의 동사 변화형태 : shut-shut-shut)

어휘 in a hurry 서두르는 중인   research paper 연구 논문
deadline 마감기한   conclusion 결론
shut down 멈추다

관계사1

06 (a) who are having a hard time

해석 수업을 이해하기 어려운 학생들은 개인 과외를 하도록 권장된다. 개별적인 주의를 기울이는 것 외에도, 그 또는 그녀는 학생들이 당황하지 않고 질문을 하도록 격려하는 것을 도울 수 있다.

해설 1. what whose 소거
2. 사람명사이므로 who가 정답
(which오답)
따라서, who가 정답이 된다.

어휘 have a hard time 힘든 시기를 겪다
lesson 수업 encourage 격려하다 seek 추구하다
personal tutoring 개인 과외 aside from ~외에도
individual 개인의

진행시제3 - 현재진행시제

07 (a) is taking

해석 대학원에서 공부하느라 지쳐서, Beth는 그녀의 반려견 Labbie와 함께 집에서 주말을 즐기기로 고대했었다. 그녀는 지금 그녀의 반려견과 산책을 하고 있는데 이것이 가장 편안하고 즐거운 순간이다.

해설 'right now'는 현재진행시제의 단서이다.

어휘 exhausted 기진맥진한 graduate school 대학원
weekend 주말 relaxing 편안한 joyful 즐거운

가정법2 - 가정법 과거완료 2]

08 (b) had checked

해석 지난주, Samantha는 재무보고서에 큰 실수를 저질렀고 이는 그녀를 곤경에 처하게 하였다. 그녀가 다시 한번 확인했다면 그녀는 벌써 승진했을 것이다.

해설 주절의 동사가 가정법 과거완료의 형태인 'would have been promoted'이기 때문에 if절의 동사는 'had p.p' 형태가 정답이다.

어휘 financial 재정의, 금융의
promote 승진하다, 촉진하다

조동사 - 32점이 목표라면 찍는 유형

09 (c) must

해석 Jenny는 남동생에게 그가 반에서 1등을 하기 위해서는 이전보다 훨씬 더 열심 공부를 해야 한다고 설명했다. 그러나 그는 당장 실행에 옮기지는 않았다.

해설 반 수석을 하기 위해 열심히 공부해야한다는 의무의 상황이기 때문에 must가 정답이 된다.

어휘 put into practice 실행에 옮기다

진행시제4 - 현재완료진행시제

10 (a) have been reading

해석 나의 가장 친한 친구인 Nate는 생일 선물로 프랑스어로 쓰여진 책 '오만과 편견'을 나에게 주었다. 정신이 팔려서 내려놓을 수가 없었다. 사실 어젯밤부터 계속 읽어 오는 중이다.

해설 'since last night'는 완료의 단서이므로 현재완료진행시제가 정답이 된다.

어휘 written in ~로 쓰인 French 프랑스어
be absorbed ~에 열중하다

가정법3 - 가정법 과거완료 3

11 (b) had accepted

해석 Hudson 씨는 거대한 건설회사에서 임원직을 제안받았지만, 개인적인 이유로 제안을 거절했다. 만약 그가 그 직책을 수락했다면, 그는 두 배나 더 많은 월급을 받았을 것이다.

해설 주절의 동사는 가정법 과거완료의 동사의 형태 'would have received'이므로 if절의 동사는 'had + p.p'가 된다.

어휘 offer 제안하다 executive position 임원직
huge 거대한 construction 건설
turn down 거절하다 receive 받다
salary 봉급, 월급

진행시제5 – 미래진행시제
12　　　　　　　　　　　　　　(a) will be contacting

해석 지난주 우리 식당의 방문객들은 복통을 겪었고 우리는 지금 조치를 취하고 있다. 우리는 오늘 오후에 모든 피해 당사자에게 연락하여 보상할 것이기 때문에 피해를 입은 모든 고객들은 우리의 전화를 기다리기를 정중히 요청한다.

해설 'this afternoon'은 미래시제의 단서이다. 혹시라도 주변에 시제의 단서가 보이지 않는 경우 선택지를 확인한다. 선택지에 유일한 진행시제인 (a) 미래진행시제가 정답이 된다.

어휘 visitor 방문객   take an action 조치를 취하다
affected 영향 받은   party 당사자
compensate 보상하다

Should 생략 1
13　　　　　　　　　　　　　　　　　　(b) follow

해석 나는 세상이 변하고 있다는 것을 느꼈고, 언제 위험한 상황에 처할지 모르는 내 딸들이 자신을 보호하는 방법을 따르는 것이 최선이라는 것을 깨달았다.

해설 'It is best' 뒤 that절의 주어가 '~해야 하는 것은 중요하다'라는 의미로 해석되면 조동사 should가 생략되어 주어 다음에 오는 빈칸은 동사 원형이 정답이 된다.

어휘 realize 깨닫다   follow 따르다   protect 보호하다
dangerous 위험한   situation 상황

진행시제6 – 미래완료진행시제
14　　　　　　　　　　　　(d) will have been waiting

해석 Matthew와 Olivia는 정오에 파리의 노트르담 대성당 앞에서 만날 계획이었다. 그러나 그는 늦잠을 잤기 때문에 정해진 시간에 나타나지 않았다. Matthew가 도착할 즈음이면 올리비아는 4시간 넘게 기다려 오는 중일 것이다.

어휘 plan 계획하다   in front of~ ~앞에서
show up 나타나다   appointed 예정된
oversleep 늦잠을 자다

가정법4 – 가정법 과거1
15　　　　　　　　　　　　　　　　(c) would work

해석 Fred는 "대통령이 사과에 진정성을 갖고 미국 국민과의 약속을 지키는 데 진지한 태도를 보인다면 의회와 초당적 제안에 협력할 것"이라고 말했다.

해설 If절의 동사는 과거시제(were)이므로, 주절의 동사는 'would work'가 된다.

어휘 sincere 진실된, 진정한   bipartisan 양당의
proposal 제안

준동사2 – 동명사1
16　　　　　　　　　　　　　　　　(b) becoming

해석 Dennis는 어려서부터 작가가 되는 것을 꿈꿔왔다. 그는 마침내 소설을 완성할 때쯤이면 20년 넘게 소설을 쓰는 중일 것이라고 추정한다.

해설 전치사 뒤에는 '-ing'가 정답이다.

어휘 dream 꿈에 그리다   estimate 추정하다
fiction 소설

가정법5 – 가정법 과거완료4
17　　　　　　　　　　　　　　　(c) had jumped

해석 안내방송에서 가만히 있으라고 했지만 배는 이미 가라앉고 있었고 배에서 나오지 않는 학생들이 많았다. 만약 사람들이 물에 뛰어들었다면, 그들은 구조될 수 있었을 것이다. 그러나 우리는 나가지 말라는 말을 들었다.

해설 주절의 동사는 가정법 과거완료의 동사 형태인 'could have been rescued'가 정답이 된다.

어휘 announcement 안내방송   stay still 가만히 있다
sink 가라앉다, 침몰시키다   rescue 구조하다

조동사 - 32점이 목표라면 찍는 유형

18　　　　　　　　　　　　　　　　(c) must

해석 선생님의 역할은 좋은 학습 경험을 주면서 기대를 중재하는 것이다. 교사들은 특정 과목에 대한 기존의 불안감이 학습에 지장을 주기보다는 지원에 정확히 집중되도록 해야 한다.

해설 'make sure'은 확실하게 하다는 의미로 must 의무와 짝꿍 표현이다.

어휘 role 역할　mediate 중재하다　expectation 기대
experience 경험, 체험
make sure ~를 확실하게 하다　anxiety 불안감
certain 특정한　subject 주제, 과목
correctly 올바르게　rather than ~하기보다
hinder 저해하다

가정법6 - 가정법 과거2

19　　　　　　　　　　　　　　　(a) would be

해석 내일, 나는 방송에 나가는 인터뷰를 진행하는 중일 것이다. 그래서 Carol에게 물어볼 질문들을 보내달라고 부탁했다. 만약 내가 미리 몇 가지 준비를 할 수 있다면, 나는 스트레스를 덜 받고 더 자신감을 가질 것이다.

해설 If절의 동사는 과거(could+V)시제이므로 주절의 동사는 'would+V'가 정답이 된다.

어휘 interview 인터뷰　air 방송하다, 방영하다
question 질문　prepare 준비하다
confident 자신감있는

관계사2

20　　　　　　　　　　(d) that helps me the most

해석 내 생각에 나에게 가장 도움이 되는 것은 내가 건강할 때 그 순간들을 포착해서 칼럼을 쓰든, 청소년 암 학술토론회를 개최하기 위해 여행을 하든 그 순간을 최대한 활용하려고 노력하는 것이라고 생각한다.

해설 1. the thing 등과 같이 -thing으로 끝나는 어휘 뒤에는 관계대명사 that만이 정답이다.
(420회 출제유형)

어휘 seize 붙잡다
try to make the most of~ ~를 최대한 활용하려고 노력하다　whether A or B A든지 B든지간에
column 칼럼　host 개최하다
symposium 학술토론회

Should 생략 2

21　　　　　　　　　　　　　　　(b) resume

해석 이것은 첫 단계로서 공정하고 야심찬 최종 국제 기후 협정을 체결하기 위해 해야 할 많은 일이 남아 있다. 조속히 협상을 재개하는 것이 급선무다.

해설 'It is imperative' 뒤 that절의 주어가 '~해야 하는 것은 중요하다'라는 의미로 해석되면 조동사 should가 생략되어 주어 다음에 오는 빈칸은 동사 원형이 정답이 된다.

어휘 remain 남아있다　in order to ~하기위해
seal (협상을) 체결하다　international 국제적인
climate 기후　imperative 중요한

Should 생략 3

22　　　　　　　　　　　　　　　(a) take

해석 Eddie는 아시아계 미국인이고 학생회의 회장이다. 그는 이 시범 프로그램이 대다수의 학생들이 아시아계 이민자인 그의 학교에서 이루어지길 요청했다.

해설 'It is imperative' 뒤 that절의 주어가 '~해야 하는 것은 중요하다'라는 의미로 해석되면 조동사 should가 생략되어 주어 다음에 오는 빈칸은 동사 원형이 정답이 된다.

어휘 Asian American 아시아계 미국인　council 의회
president 회장　request 요청하다
pilot program 시범 프로그램
take place 개최되다, 일어나다
large majority 대다수

준동사3 – to부정사2

23　　　　　　　　　　　　　　　(a) to fast

해석 Nate는 하룻밤 동안 금식하라는 지시를 받았으며 물을 마시는 것만이 허용되었다. 단식을 하지 않거나 병을 경험한 적이 있다면 새로운 시험날이 예정될 것이다.

해설 be + p.p 뒤에는 to V가 온다.
32점이 목표라면, 단순 -ing 형태만 정답으로 선택한다면 5문제 중에 3문제는 맞출 수 있다.

어휘 instruct 지시하다　fast 금식하다
aloow 허락하다　experience 경험
be scheduled 예정되다

준동사4 – 동명사2

24　　　　　　　　　　　　　　　(a) causing

해석 최근 해외 시장 확대하려는 의도를 가진 기업들이 당면한 과제 중 하나는 글로벌 시장에서 갈등을 일으키지 않도록 해야 할 의무다.

해설 prevent는 동명사를 취하는 동사이다. 32점이 목표라면, 단순 -ing 형태만 정답으로 선택한다면 5문제 중에 3문제는 맞출 수 있다.

어휘 challenge 도전　expand 확장하다　abroad 해외로
obligation 의무　prevent 예방하다　cause 일으키다
conflict 갈등

준동사5 – 동명사3

25　　　　　　　　　　　　　　　(c) visiting

해석 Matthew는 이번 주말에 할아버지를 보기 위해 LA로 차를 몰고 갈 것이다. 그는 항상 그의 조부모님과 친척들을 방문하는 것을 즐긴다. 그가 그곳에 방문할 때마다, 조부모님은 항상 그에게 선물을 주신다.

어휘 drive 운전하다　weekend 주말
enjoy ~ing ~하는 것을 즐기다　relatives 친척
whenever 언제든지, ~할때마다

접속사 32점이 목표라면 찍는 유형

26　　　　　　　　　　　　　　　(a) however

해석 Anka의 곡이 히트를 치지 못하였을 때, 그녀는 영화에서 출연하여 성공을 거두었다. 그러나, 그녀가 그녀의 업적을 남긴 곳은 바로 음악이다. Anka의 Diana, Lonely Boy, You're Having My Baby는 모두 미국 차트에서 1위를 차지했다.

해설 영화에서 연기를 출영하여 성공했지만 실질적 성공은 연기가 아닌 그의 곡이기 때문에 역접의 접속부사인 'however'이 정답이 된다.

어휘 successful 성공적인　made mark 유명해지다

G-TELP

G-TELP LEVEL 2 문법 32점